Peter Finke

Irreguläre Kriegführung im 21. Jahrhundert

Formenwandel der Gewalt und Einsatz von Spezialkräften

Bibliografische Information der Deutschen Nationalbibliothek:

Die Deutsche Nationalbibliothek verzeichnet diese Publikation in der Deutschen Nationalbibliografie; detaillierte bibliografische Daten sind im Internet über http://dnb.d-nb.de abrufbar.

Impressum:

Copyright © ScienceFactory

Ein Imprint der Open Publishing GmbH

Druck und Bindung: Books on Demand GmbH, Norderstedt, Germany

Covergestaltung: Open Publishing GmbH

Inhaltsverzeichnis

Danksagung

Ich bedanke mich sehr bei Herrn Dr. Hans-Georg Ehrhart für die Unterstützung und die vielen hilfreichen Gespräche.

Ich danke Herrn OTL Dr. Johann Schmid für die vielen guten Hinweise und Tipps.

Vielen Dank meiner Familie, sowie Ginny für den Rückhalt und die Unterstützung.

Vielen Dank den tollen Menschen des MPS Studiengangs für die nötige Ablenkung und die grandiose Zeit.

Kurzdarstellung

Ein stetiger Formenwandel von Gewalt und von Konflikten ist Teil der menschlichen Entwicklung. Im 21. Jahrhundert ist zwar die Zahl klassischer Kriege gesunken, aber innerstaatliche Konfrontationen und staatszerfallende Konflikte nahmen zu. Die Globalisierung in all ihren Formen bringt Kriege, Konflikte und Gewalt bis in die Wohnzimmer westlicher Staaten. Es wird Politik im Rahmen der unterschiedlichsten Begrifflichkeiten gemacht, um den vielen Bedrohungen entgegen zu treten. Doch eine genaue Einteilung und Ordnung fehlt, was zu unterschiedlichen Auslegungen durch die Staaten führt. Irreguläre Kriegführung ist der Ansatzpunkt dieser Arbeit, der sich durch die drei synonymen Konzepte der Asymmetrie, der Neuen- und Kleinen Kriege kategorisieren und durch die drei Kriegstypen der unkonventionellen Kriegführung, Aufstandsbekämpfung und hybrider Auseinandersetzungen beschreiben lässt. Innerhalb dieser Begrifflichkeiten agieren U.S. Special Operations Forces, die als ein Ausdruck dieses Formenwandels von Gewalt zu sehen sind. Ihre Geschichte, Organisation, Ausbildung, Ausrüstung, ihr Einsatzspektrum und die politische Dimension, in der sie eingebettet agieren, sind symptomatisch für eine Reaktion der USA auf ein sich veränderndes Kriegs- und Konfliktbild. Der Einsatz von SOF in Afghanistan zeigte eindrucksvoll, wie erfolgreich diese Einheiten als Aushängeschild die militärische Macht der USA verkörperten. Ihre ständige Weiterentwicklung und Anpassungsfähigkeit macht diese Schattenkrieger zu einem Symbol der Kriegführung des 21. Jahrhunderts.

Abkürzungsverzeichnis

ADRP	Army Doctrine Reference Publication
CIA	Central Intelligence Agency
COIN	Counterinsurgency, Aufstandsbekämpfung
ISAF	International Security Assistance Force
RMA	Revolutions in military affairs
OSS	Office of Strategic Services
SOF	Special Operations Forces, Spezialeinheiten
USSOCOM	United States Special Operations Command

Verzeichnis der Tabellen und Schaubilder

1 Einleitung

Das 20. Jahrhundert endete mit einem sicherheitspolitischen Umbruch. Nach dem Zusammenbruch der bipolaren Weltordnung etablierten sich die USA als einzige dominierende, globale Kriegführungsmacht. War die Welt zuvor von einem Gleichgewicht des Schreckens geprägt, so entwickelte sie sich aber nicht friedlicher, sondern eher gefährlicher. Erscheinungsformen von Gewaltkonflikten und kriegerischen Auseinandersetzungen entwickelten sich noch vielfältiger und vielschichtiger. Eine eindeutige Trennung von Konfliktparteien wurde immer schwerer möglich. Die Zahl klassischer Kriege nahm ab, dafür aber rückten innerstaatliche Konfrontationen und staatszerfallende Konflikte immer mehr in den Fokus der Politik und Weltöffentlichkeit. Die Zunahme von autorisierten Interventionen und Missionen durch die Vereinten Nationen seit 1990 kann als Indikator für eine Ausweitung von Konflikt- und Gewaltvielfalt gesehen werden.

Das 21. Jahrhundert begann wie das 20. Jahrhundert geendet hatte – weltweite Gewaltkonflikte und Kriege bestimmen die Nachrichten und die tägliche Agenda der Politik. Die terroristischen Angriffe auf die USA am 11. September 2001 waren der Höhepunkt eines, bis heute andauernden Kampfes nichtstaatlicher Akteure gegen westlich geführte Staatlichkeit. Aber auch Konflikte zwischen staatlichen Akteuren nahmen zu, die unterhalb bestimmter Schwellen von Gewalt ihre Interessen durchzusetzen versuchen. Dabei ist eine eindeutige Trennung von Absichten und Zielen der verschiedensten Akteure nur noch schwer möglich. Obwohl die politischen Schwerpunkte der meisten Staaten weitestgehend klar und in nationalen Strategien dargelegt sind, können die Interessen von anderen staatlichen und auch nichtstaatlichen Akteuren in den internationalen Beziehungen kaum unübersichtlicher sein. Terroristische Organisationen, autoritäre Regime, Aufständische, Guerillas oder auch kriminelle Vereinigungen zielen mit ihren individuellen,- politischen,- sozialen,- wirtschaftlichen und ideologischen Vorstellungen auf die Schwachstellen der globalen Gesellschaftsordnungen. Sowohl demokratische Staaten, wie auch andere Herrschaftsordnungen reagieren einerseits im Rahmen ihrer Maßnahmen auf diese Bedrohungen und wenden andererseits diese auch selbst gegen sowohl staatliche, wie auch nichtstaatliche Opponenten an. Ein sich daraus entwickelnder Formenwandel der Gewalt bricht mit klassisch westfälischen Entwicklungen von bewaffneten Konflikten, indem sich deren Ausprägungen überlagern oder auch durch neue Charakteristiken ergänzt und erweitert werden. Globalisierung und fortschreitende Technologisierung können als zwei Einflussfaktoren der vielschichtig miteinander verwobenen Konfliktebenen gesehen werden. Genau die vielen verschiedenen sichtbaren und unsichtbaren Ebenen von Gewaltkonflikten stellen eine enorme Herausforderung für die Staaten dar. Die Zunahme der Komplexität und Interdependenzen in den nationalen und internationalen Beziehungen, vor allem wenn es zu Konflikten mit Gewaltpotential kommt, ist sowohl Problem, wie Herausforderung gleichermaßen. Eindeutige Regeln und Vorgehensweisen bei Auseinandersetzungen gibt es nicht mehr, so dass individuelle Strategien immer mehr an Bedeutung gewinnen.

Gegenstand der Betrachtung dieser Arbeit ist ein zu beobachtender Formenwandel von Gewaltkonflikten, der sich in den unterschiedlichen Ausprägungen auf die beteiligten Akteure auswirkt. Diese Arbeit analysiert zudem den Einsatz von U.S. Special Operations Forces (SOF) vor dem Hintergrund eines sich stetig wandelnden Kriegsbildes. Ziel ist es zu untersuchen, welche Bedeutung SOF für die USA haben und zu klären, inwieweit ihr Einsatz als ein Ausdruck eines Formenwandels in Gewaltkonflikten gesehen werden kann. Zweck dieser Arbeit ist die Auseinandersetzung mit Begrifflichkeiten um Irregularität als eine Art der Kriegführung, die durch verschieden Konzepte synonym gebraucht wird und welche durch bestimmte Kriegstypen die Konfliktlandschaft beherrscht. Ein weiterer Zweck ist Debatte um den Einsatz von SOF als ein Instrument der einzigen globalen Kriegführungsmacht, um zu verstehen, wie und warum die USA SOF im Rahmen ihrer Militärpolitik einsetzen. Die akademische Untersuchung des Einsatzes von SOF im Kontext eines aktuellen Formenwandels von Gewaltkonflikten ist ausbaufähig und wird am Beispiel des Afghanistankrieges (ab 2001) beispielhaft aufgearbeitet. Die wissenschaftliche Relevanz liegt in einem Überblick über den herrschenden Diskurs von Begrifflichkeiten, deren Vertretern und deren Interpretation durch Forscher und politisch Verantwortliche. Die politische Relevanz der verschiedenen Formen von Gewalt liegt nicht unbedingt nur bei nichtstaatlichen Akteuren, sondern auch bei den Staaten selbst. Zur Durchsetzung von eigenen Interessen, wie auch als Antwort auf die verschiedenen Konfliktspektren, werden im Rahmen der militärischen und technischen Fähigkeiten Gewaltformen in den verschiedensten Ausprägungen genutzt. Dabei kommt den militärischen Spezialeinheiten eine wichtige Funktion zu.

Vor allem die USA nutzen die Möglichkeiten von irregulärer Kampfweise durch ihre weltweite Vernetzung mit Stützpunkten und Spezialkräften. Die USA sind momentan die einzige Macht, die in der Lage ist militärisch global zu agieren und auf Bedrohungen in den verschiedensten Szenarien und den unterschiedlichsten Regionen zu reagieren. Das umfasst Gefährdungen durch staatliche und nichtstaatliche Akteure gegen sie selbst und verbündete Staaten, wie auch weltweit eigene Aktionen gegen sie bedrohende Kräfte. Eines der wichtigsten Mittel ist dabei der Einsatz ihrer SOF.

Als Ausgangspunkt dieser Arbeit werden verschiedene Arten von Irregulärer Kriegführung in Gewaltkonflikten gebündelt und kategorisiert. Darauf aufbauend wird untersucht, wie das Selbstverständnis der USA gegenüber Spezialeinheiten aussieht und wie sie diese zur Erreichung ihrer politisch/militärischen Ziele als ein Mittel einsetzen, um ihr globales Rollenverständnis zu bekräftigen:

> Ein stetiger Formenwandel von Gewalt führt zu einer Änderung im Kriegsbild in Konflikten, welcher das Verhalten aller Beteiligten beeinflusst.

> U.S. Spezialeinheiten sind sowohl Ausdrucks-, als auch Umgangsform eines solchen Formenwandels von Gewalt.

> Für die USA sind SOF ein wichtiges und unerlässliches Mittel vor dem Hintergrund sich wandelnder Bedrohungsspektren.

Am Beispiel des Einsatzes von U.S. SOF in Afghanistan (2001-2010+) untersucht diese Arbeit wie Special Operations Forces als ein Ausdruck des Formenwandels von Gewaltkonflikten einzuordnen sind und warum die USA auf ihren verstärkten Einsatz setzen.

Der erste Schwerpunkt dieser Arbeit ist die Skizzierung der wichtigsten Erscheinungsformen von aktuellen Gewaltkonflikten und der Versuch diese zu ordnen. Der Ansatzpunkt ist die Irregularität, eine Art von Kriegführung, welche sich durch die Konzepte asymmetrischer Konflikte, der Neuen- und Kleinen Kriege kategorisieren lässt. Zur Beschreibung dieser Begrifflichkeiten vertieft diese Arbeit drei Kriegstypen von Irregularität, die besonders aus der Norm fallen: unkonventionelle Kriegführung, Aufstandsbekämpfung (COIN) und hybride Auseinandersetzungen. Diese verschiedenen Arten der gewaltsamen Konfliktaustragung sind vom Grunde her nicht neu, aber die Mittel und die Wechselwirkungen haben sich der Zeit angepasst und weiterentwickelt. Diese Arbeit setzt sich im zweiten Schwerpunkt mit U.S. Special Operations Forces auseinander und deren Einsatz in den verschiedenen Spektren des Formenwandels von Gewalt und Konflikten. Das umfasst einen geschichtlichen Exkurs zu deren Hintergrund, die heutige Organisationsstruktur, die Ausbildung und Ausrüstung, sowie die Einstufung ihrer politischen Bedeutung vor allem im Hinblick auf die verschiedenen Arten von Irregularitäten im Bereich der Kriegführung und im Spannungsfeld von Gewaltkonflikten. Im dritten Teil dieser Untersuchung soll am Beispiel des Krieges in Afghanistan (ab 2001) aufgezeigt werden, wie die USA SOF nicht nur als eine Reaktion auf verschiedene Kriegsbilder einsetzen, sondern auch als ein Mittel zur Erringung der Initiative in dem untersuchten Gewaltkonflikt.

Diese Arbeit nutzt qualitative Recherchemethoden, um systematisch und überprüfbar das vorliegende Material aufzuarbeiten und so einen passenden Rahmen zur Klärung der Forschungsfrage zu bilden. Dadurch sollen die verschiedenen theoretischen Ansätze des Formenwandels von Gewalt und Konflikten und die politisch/militärischen Hintergründe des Einsatzes von U.S. Special Forces eingehender betrachtet werden.

Die Literatur zu Begrifflichkeiten um den hier skizzierten Formenwandel von Gewaltkonflikten ist weitreichend und teils unübersichtlich, da Wissenschaftler mit verschiedenen Ansätzen, Definitionen und teils Überschneidungen die Diskussion führen. Die Quellenlage zu geschichtlichen Aspekten von U.S. SOF ist ausführlich und überschaubar. Gegenüber neueren Einsätzen allerdings ist die Datenlage schwierig, was sich auch auf das Fallbeispiel Afghanistan auswirkt. Für die Erarbeitung des Themas werden Bücher mit akademischem Theorien und Erklärungsansätzen, aber auch Bücher mit historischem Hintergrund, sowie Erfahrungsberichte im Bereich der Fallstudie als vorrangigen Quellen genutzt. Artikel und journalistische Texte ergänzen die Literatur, genauso wie militärische Handbücher und Papiere staatlicher Administration der USA.

Der Stand der Forschung zu den jeweiligen Begriffen und Hintergründen wird vor allem im ersten Teil der Arbeit angesprochen und bewertet. Der Bereich der Begrifflichkeiten, der unter dem Oberbegriff des Formenwandels der Gewalt gefasst werden kann, ist relativ weit und vielfältig. Die Herausforderung dabei ist es, nur die wichtigsten und allgemein anerkannten Erklärungsansätze zu nutzen. Im Bereich des Einsatzes von Special Operations Forces sieht die Lage anders aus. Eine Forschung, die sich auch nur ansatzweise mit diesem Untersuchungsansatz beschäftigt ist nicht bekannt. Hier gilt es, dieses Feld anhand der vorliegenden Texte, Manuals und journalistischen Recherche aufzuarbeiten, um so eine Grundlage für weitere Forschungen zu schaffen.

Definitionen und Erklärungen der Geschehnisse der Welt sind ein wichtiger Teil der akademischen und politischen Arbeit. Durch diese wird Ordnung geschaffen und sie können richtungsweisend für Entscheidungen der Politik sein. Die Erfassung der verschiedenen Arten von Gewaltkonflikten und Kriegsbildern ist ein wichtiger Schritt zu einem tieferen Verständnis dieses Gebietes. Eine Verknüpfung mit U.S. SOF unterstützt die Einordnung in den politischen Kontext und das Fallbeispiel Afghanistan kann den Horizont für weitere Studien eröffnen.

2 Formenwandel der Gewalt

Der folgende Hauptteil gliedert sich in zwei Abschnitte. Der erste Teil beschäftigt sich mit dem aktuellen Diskurs über den Formenwandel der Gewalt und dessen Ausprägungen. Der zweite Bereich untersucht den Einsatz von U.S. Special Forces als einen Ausdruck dieses Formenwandels. Die beiden Abschnitte werden anschließend miteinander als Antwort auf die These verbunden.

Im Laufe der Menschheitsgeschichte haben sich die Formen der gewaltsamen Austragung von Konflikten weiterentwickelt. Kriege standen dabei immer auch im Fokus von Theoretikern und Historikern, die sich mit Änderungen in der Kriegführung ihrer Zeit beschäftigten, aber auch geschichtliche Fortentwicklungen von Konflikten bewerteten.[1] Seit dem Ende des Kalten Krieges und im Übergang zur Jahrtausendwende sind sich verändernde und auch wiederkehrende Variationen und Mischformen in der Austragung von gewaltsamen Konflikten zu erkennen. Dabei stehen Politik und Wissenschaft vor der Schwierigkeit der Eingrenzung und Festlegung von Begrifflichkeiten, die sich je nach Perspektive, Ebene und Hintergrund ändern bzw. überschneiden können.[2] Ziel des ersten Kapitels ist es, einen Überblick über den aktuellen Forschungsstand zu geben, der politische und akademische Bedeutung hat. Um eine geordnete Übersicht zu erreichen, bildet die Irreguläre Kriegführung den Oberbegriff für eine Kategorisierung. Die Ansätze zu dessen Beschreibung finden sich in den teils synonym gebrauchten und den sich überschneidenden Konzepten von Asymmetrie, Neuen Kriegen und Kleinen Kriegen, die alle mit regulären bzw. symmetrischen Konfliktaustragungen einhergehen. Daraus ableitend wird diese Arbeit die aktuellsten Formen und Elemente irregulärer Kriegstypen und Konfliktbilder behandeln, die sich im Verlauf der 2000er Jahre besonders herauskristallisiert und angepasst haben und somit in ihren Ausprägungen außerhalb der Norm laufen: Unkonventionelle Kriegführung, Aufstandsbekämpfung und hybride Auseinandersetzungen.

---

[1] Herberg-Rothe, A. (2003). „Der Krieg – Geschichte und Gegenwart", S. 8.

[2] Wassermann, F. (2015). „Im Irrgarten der Asymmetrie", in *IP Internationale Politik,* Nr.3 Mai/Juni 2015, S.53-56.

2.1 Irreguläre Kriegführung – Ansätze zur Beschreibung

Irregularität kann als „von der Regel abweichend"[3] beschrieben werden. Es ist das Gegenteil zu den Formen von Regularität, was als „Gesetzmäßigkeit"[4], oder „Normalfall"[5] erklärt werden kann. Irreguläre Kriegführung hat es seit jeher gegeben, um Vorteile gegenüber dem Feind zu erlangen, bzw. eigene Nachteile auszugleichen. Dabei haben sich verschiedene Kategorien und Formen herausgebildet, die sich teilweise überlagern, aber auch eigene Besonderheiten aufweisen, je nach Erscheinungsform und Charakterisierung. Die folgenden drei Konzepte können teils gleichbedeutend und sinnverwandt verwendet werden, je nachdem wie der Anwendungsbereich ist und welcher Akteur die Deutungshoheit besitzt.

2.1.1 Asymmetrie

Asymmetrie sind seit jeher ein Bestandteil der Kriegführung und organisierten Gewalt. Unterschiede in den Fähigkeiten, den Waffen und auch dem Willen von Konfliktparteien ziehen sich durch die gesamte Militärgeschichte.[6] Als symmetrisch können Konflikte bezeichnet werden, bei denen die Kontrahenten von Rekrutierung, Mitteln und Fähigkeiten her vergleichbar sind.[7] Asymmetrie ist somit als die „absolute Chancenungleichheit zwischen den Gegnern"[8] zu erklären. Den Begriff der asymmetrischen Kriegführung erweiternd, beschreiben Schröfl und Pankratz diesen als eine „Situation, in der signifikante Unterschiede hinsichtlich der eingesetzten Mittel, Methoden, Kräfte sowie Motivation zwischen Gegnern bestehen".[9] Dieses strategische Kräfteungleichgewicht zwischen den Konfliktparteien hat zum Ziel, dem Gegner mit geringstmöglichem Aufwand einen größtmöglichen Schaden zuzufügen, damit dessen Kampfwille durch Abnutzung, Ermüdung

---

[3] Freudenberg, D. (2008). „Theorie des Irregulären", S.181.

[4] Duden [Online]. „Regularität". Abgerufen am 15.05.2015, unter: <http://www.duden.de/rechtschreibung/Regularitaet>.

[5] Ebd.: <http://www.duden.de/rechtschreibung/Regularitaet>.

[6] Vogt, M.J. (2008). „Intermediäre Gewalt in asymmetrischer Anfechtung – Rechtstreue als Notwendigkeit in Irregularitäten", in Sebastian Buciak (Hrsg.) „Asymmetrische Konflikte im Spiegel der Zeit", S.41.

[7] Freudenberg, D. (2008). „Theorie des Irregulären", S.175.

[8] Schröfl, J. (2006). „Asymmetrie und Ökonomie", in Josef Schröfl, Thomas Pankratz, Edwin R. Micewski (Hrsg.). „Aspekte der Asymmetrie. Reflexionen über ein gesellschafts- und sicherheitspolitisches Phänomen, S.70.

[9] Schröfl, J.; Pankratz, T. (2004). „Einleitung", in Josef Schröfl, Thomas Pankratz (Hrsg.). „Asymmetrische Kriegführung – ein neues Phänomen der internationalen Politik?, S.10-11.

oder politischen Druck aufgrund steigender Kosten, wie hohe Opferzahlen, bricht.[10] Rauch definiert den asymmetrischen Krieg als „militärische Auseinandersetzung zwischen Parteien, die waffentechnisch, organisatorisch und strategisch unterschiedlich ausgerichtet sind."[11] Die Besonderheiten von Asymmetrie bestehen auch darin, dass die meist schwächere Seite versucht den offenen Kampf zu meiden, wobei die verhältnismäßig stärkeren Gegner immer versuchen den Kampf zu erzwingen. Das Erreichen möglichst ungleicher Verhältnisse zu den eigenen Gunsten ist der Kern asymmetrischer Kriegführung.[12] Auch Münkler bezieht Asymmetrien in seine Überlegungen mit ein. Die „qualitative Ungleichartigkeit der Konfliktparteien (ist für ihn) das Definitionskriterium asymmetrischer Kriege".[13] Die Vermeidung eines offenen Kampfes und das Ausweichen auf alternative Formen der Konfrontation, sowie die technologische und organisatorische Überlegenheit einer Seite stehen dabei im Vordergrund. Das gilt bei Münkler sowohl für qualitativ und quantitativ unterlegene, wie auch für dementsprechend überlegene Gegner.[14] Ein historisches Beispiel wäre der biblische Kampf David gegen Goliaths, bei dem Wendigkeit, Flexibilität und eine einfache Waffe (Schleuder) gegen Stärke, Panzerung und hohe Waffentechnologie (Schild, Schwert, etc.) erfolgreich war.[15] Ähnlich verhielt es sich bei den Einsätzen der USA in Afghanistan und dem Irak, wo sich anpassungsfähige und (im Vergleich) ungleich ausgestattete Gegner mit Motivation und Hartnäckigkeit vehement gegen einen Hochtechnologiegegner zur Wehr setzten.[16]

Diese Definitionen und Erklärungsansätze, sowie die gleichen, wie auch unterschiedlichen Zielsetzungen zeigen die Komplexität und Vielschichtigkeit asym-

---

[10] Freudenberg, D. (2008). „Theorie des Irregulären", S.174-175.

[11] Rauch, A.M. (2015). „Anfänge der asymmetrischen Kriegsführung", in if – Zeitschrift für Innere Führung, Nr.1 / 2015, S.41.

[12] Schmidl, E.A. (2004). „Asymmetrische Kriege – alter Wein in neuen Schläuchen?", in Josef Schröfl, Thomas Pankratz (Hrsg.). „Asymmetrische Kriegführung – ein neues Phänomen der internationalen Politik?, S.131; 121.

[13] Münkler, H. (2004). „Wandel der Weltordnung durch asymmetrische Kriege", in Josef Schröfl, Thomas Pankratz (Hrsg.). „Asymmetrische Kriegführung – ein neues Phänomen der internationalen Politik?, S.85.

[14] Ebd., S.86-87.

[15] Wassermann, F. (2015). „Im Irrgarten der Asymmetrie", in IP Internationale Politik, Nr.3 Mai/Juni 2015, S.54-55.

[16] Feichtinger, W. (2004). „Differenzierung von Asymmetrie im Kontext bewaffneter konflikte", in in Josef Schröfl, Thomas Pankratz (Hrsg.). „Asymmetrische Kriegführung – ein neues Phänomen der internationalen Politik?, S.117-120.

metrischer Kriegführung.[17] Die Motivlage von operativ-taktisch und sozio-politisch unterlegenen Kontrahenten, gegenüber waffentechnisch und politisch-militärisch überlegenen Gegnern, zielt auf die Schwächen des jeweils anderen.[18] Wo Schwächere vor allem auf Zermürbung und psychologische Effekte setzen, streben Stärkere nach Überlegenheit, um die eigenen Kosten und Verluste zu minimieren.[19] Diese Kennzeichen sind die charakteristischsten in der sowohl akademischen, medialen, wie auch politischen Debatte zu asymmetrischen Auseinandersetzungen.

2.1.2 Neue Kriege

Im Jahre 1999 veröffentlichte Mary Kaldor die These von den „Neuen Kriegen" vor dem Hintergrund der Konflikte auf dem Balkan.[20] Dabei betonte sie den politischen Charakter dieser Form der Gewalt, die durch das „verschwimmen der Grenzen zwischen Krieg, organisiertem Verbrechen und massiven Menschenrechtsverletzungen geprägt sind."[21] Sie stellte die Globalisierung als einen wichtigen Bestandteil der Neuen Kriege dar, da Konflikte und Kriege nun auf die ganze Welt ausgeweitet werden. Dies geschieht vor allem durch Medien, wie internationale Reporter und zeitnahe Berichterstattungen, aber auch durch eine steigende Anzahl an Söldnern und Militärberatern, sowie eine Vielzahl internationaler Akteure, wie Nichtregierungsorganisationen (z.B. Human Rights Watch, Internationales Rotes Kreuz) oder auch internationale Organisationen (z.B. UNHCR, OSZE, EU).[22] Das Untergraben des staatlichen Gewaltmonopols erhöht die Zahl der Beteiligten und erschafft eine neue Form organisierter und weitreichender Gewalt, die sich auch angesichts der vielen, verschiedenen „Ziele, der Art der Kriegfüh-

---

[17] Schröfl, J.; Pankratz, T. (2004). „Einleitung", in Josef Schröfl, Thomas Pankratz (Hrsg.). „Asymmetrische Kriegführung – ein neues Phänomen der internationalen Politik?, S.10.

[18] Feichtinger, W. (2004). „Differenzierung von Asymmetrie im Kontext bewaffneter konflikte", in in Josef Schröfl, Thomas Pankratz (Hrsg.). „Asymmetrische Kriegführung – ein neues Phänomen der internationalen Politik?, S.119.

[19] Münkler, H. (2004). „Wandel der Weltordnung durch asymmetrische Kriege", in Josef Schröfl, Thomas Pankratz (Hrsg.). „Asymmetrische Kriegführung – ein neues Phänomen der internationalen Politik?, S.86-87; 92-93.

[20] Münkler, H. (2006). „Was ist neu an den neuen Kriegen? – Eine Erwiderung auf die Kritiker", in Anna Geis (Hrsg.) „Den Krieg überdenken", S.134

[21] Kaldor, M. (2000). „Neue und alte Kriege", S.8.

[22] Ebd., S.11-12.

rung und ihrer Finanzierung"[23] von früheren Konfrontationen abheben. Kaldor sieht die Besonderheiten in dieser Kriegsform vor allem auch darin, dass bewusst das offene Schlachtfeld vermieden wird, um die technologische Überlegenheit des Opponenten auszuschalten. Destabilisierungstechniken bilden dabei den zentralen Kern, um als strategisches Element die politische Kontrolle über die Bevölkerung zu erringen. Dies geschieht vorrangig durch politische, psychologische und ökonomische Einschüchterung, um die Kriegslogik im Kreislauf der Gewalt aufrecht zu erhalten.[24]

Für den deutschsprachigen Raum folgte Herfried Münkler 2002 mit seiner These, dass der Krieg seine Gestalt und Erscheinungsform mit dem Ende des Ost-West-Konflikts verändert hat.[25] Zum einen durch weltpolitische Asymmetrien, die bezeichnend durch die „offenkundig uneinholbare wirtschaftliche, technologische, militärische und kulturindustrielle Überlegenheit der USA"[26] beschrieben ist. Als Reaktionen auf diesen, keinesfalls einholbaren Vorsprung, der nicht nur durch die USA repräsentiert wird, verlagern sich die gegnerischen Akteure auf asymmetrische Vorgehensweisen, wie Partisanentaktiken, Guerillastrategien und/oder Terrorismus. Zudem ändert sich der mediale Druck, durch den die Kosten für den überlegenen Gegner gesteigert werden, sodass dieser beispielsweise seine Truppen abzieht.[27] Ein zweites Merkmal der neuen Kriege bei Münkler ist die Entstaatlichung, oder auch Privatisierung bzw. Kommerzialisierung der kriegerischen Gewalt. Durch eine Anpassung des Krieges an veränderte Umweltbedingungen verliert der Staat vielerorts sein Monopol auf die Kriegsgewalt, wodurch substaatliche Akteure dieses übernehmen. Dabei sind private Kriegsunternehmer, wie Warlords oder paramilitärische- bzw. substaatliche Gruppierungen die Hauptprofiteure, die durch Schattenwirtschaft und eigennützige Formen von Staatlichkeit, Konflikte aufrechterhalten.[28] Eine dritte Veränderung sieht Münkler in der Entmilitarisierung, Entprofessionalisierung und Entdisziplinierung des Krieges, in der Konfliktparteien „immer häufiger aus Kriegern, aber nicht (aus) Soldaten beste-

---

[23]   Kaldor, M. (2000). „Neue und alte Kriege", S.15.

[24]   Ebd., S.17-20.

[25]   Münkler, H. (2004). „Die neuen Kriege", in Der Bürger im Staat, S.179-180.

[26]   Münkler, H. (2002). „Die neuen Kriege", S.53.

[27]   Küpeli, I. (2007). „Einige Anmerkungen zu Kriegslegitimationen des 21. Jahrhunderts", in Ismail Küpeli (Hrsg.) Europas neue Kriege, V.37, S.10.

[28]   Münkler, H. (2002). „Die neuen Kriege", S.33-34.

hen, (...) auch mit Blick auf die Ziele, bei denen es nur noch selten um genuin militärische Objekte geht, sondern zunehmend Zivilisten und zivile Infrastruktur zum Ziel werden."[29]

Kaldors und Münklers Ansätze der neuen Kriege stehen unter dem Eindruck der Folgen des Endes des Kalten Krieges und der Auswirkungen der Globalisierung. Ihre Argumentationen betonen die lange Dauer von Konflikten, ohne klaren Anfang und mit unabsehbarem Ende, wo Friedensprozesse an die Stelle von Friedensabkommen treten und wo asymmetrische Strategien, Privatisierung und Entmilitarisierung aufeinander treffen.[30] Weitere wichtige Charakteristiken sind eine Entideologisierung von Konflikten aus zunehmend ökonomischen Gründen, ein Wandel im Modus der Kriegführung und dessen Finanzierung, und eine zunehmende Brutalisierung.[31] Die Verbindung von bestimmten Trends markiert bei beiden Autoren das *Neue* in den Neuen Kriegen und ist ein Ansatz zur Erklärung und zum Verständnis irregulärer Kriegführung.

2.1.3 Kleine Kriege

Ein weiterer Ansatz zur Beschreibung irregulärer Kriegführung im Spektrum des Formenwandels der Gewalt sind die ‚Kleinen Kriege'. Im deutschen Sprachraum entwickelte Clausewitz im frühen 19. Jahrhundert diesen Theorieansatz, die in der heutigen Zeit vor allem von Christopher Daase vertreten wird. Clausewitz beschreibt im Verständnis seiner Zeit den Kleinen Krieg als eine Entgrenzung der klaren Unterscheidbarkeit von Krieg und Frieden, welches alles umfasst was außerhalb der Regeln des bewaffneten Kampfes zwischen Staaten stattfindet.[32] Daase kennzeichnet Kleine Kriege als, außerhalb eines „normativen Rahmens oder

---

29 Münkler, H. (2006). „Was ist neu an den neuen Kriegen? – Eine Erwiderung auf die Kritiker", in Anna Geis (Hrsg.). „Den Krieg überdenken", S.134.

30 Bauer, T. (2008). „Sun Tzu und die asymmetrische Kriegsführung von heute", in Sebastian Buciak (Hrsg.) „Asymmetrische Konflikte im Spiegel der Zeit", S.104.

31 Lambach, D. (2014). „Das veränderte Gesicht innerstaatlicher Konflikte", in: bpb [Online]. Internationales/Weltweit/Innerstaatliche Konflikte/Internationale Politik/Veränderte Konflikte vom 03.02.2014. Abgerufen am 23.04.2015, unter: < http://www.bpb.de/themen/GMQL0X,0,Das_ver%E4nderte_Gesicht_innerstaatlicher_Konfli kte:_Neue_Kriege_Gewalt%F6konomien_und_Terrorismus_.html>.

32 Hahlweg, W. (1966). „Carl von Clausewitz - Schriften, Aufsätze, Studien, Briefe", S.231-235; Hoch, M. (2002). „Krieg und Politik im 21.Jahrhundert", in bpb [Online], vom 26.05.2002. Abgerufen am 22.06.2015, unter: <http://www.bpb.de/apuz/26279/krieg-und-politik-im-21-jahrhundert?p=all#fr-footnodeid10>.

unter Verletzung von Regeln geführt (, weshalb) die Struktur politischer Akteure und die Struktur des internationalen Systems gleichermaßen"[33] transformiert wird. Während Große Kriege vornehmlich zwischen Staaten innerhalb etablierter Regeln und Ressourcen geführt werden, werden Kleine Kriege unter Missachtung des gesetzten, normativen Rahmens und ohne klare Fronten und Regelungen geführt – und das zwischen staatlichen und nichtstaatlichen Akteuren.[34] Dadurch ändern sich die Strukturen im internationalen System, was Daase vor allem nach dem Ende des 2.Weltkriegs verortet. Somit grenzt er die Kleinen Kriege von den Neuen Kriegen ab und begründet, dass diese Theorie den Konflikt zwischen „zwei ungleich vergesellschafteten Akteuren, [nämlich] Staat und nichtstaatlicher Gruppe"[35] abbildet. Anna Geis argumentiert ähnlich. Der Kleine Krieg charakterisiert nach ihrer Einschätzung eine asymmetrische Konfliktstruktur zwischen ungleichen Akteuren: „Staatliche Kombattanten treffen auf nichtstaatliche Kämpfer."[36] Die daraus resultierende asymmetrische und irreguläre Kriegführung stellt staatliche Akteure somit vor schwer berechenbare Herausforderungen. Herberg-Rothe hingegen verwendet den Begriff der low-intensity-conflicts, um einen permanenten Kleinkrieg zu erklären, der sich auf lange Sicht hinzieht und in dem es kaum entscheidende Schlachten gibt.[37] Freudenberg nutzt die Bezeichnung eines modernen Kleinkrieges, um zu verdeutlichen wie der „irreguläre Kampf (...) die Überlegenheit des Gegenübers (unterläuft), um langfristig die eigene Überlegenheit auf allen Ebenen herzustellen."[38] Dabei bezieht er vor allem aktuelle Ereignisse unterhalb der Kriegsschwelle mit ein, um den politischen Zweck der global agierenden, nichtstaatlichen Akteure zu verdeutlichen.[39]

Auch bei den Kleinen Kriegen werden irreguläre und asymmetrische Kampfweisen mit einbezogen. Die verschiedenen Definitionen zeigen die ganze Bandbreite der auch dieser Theoriestrang unterliegt. Vor allem tritt hier der Konflikt auf ei-

---

[33] Daase, C. (2006). „Die Theorie des Kleinen Krieges revisited", in Anna Geis (Hrsg.). „Den Krieg überdenken", S.152.

[34] Ebd., S.151-152; 158.

[35] Ebd., S. 158.

[36] Geis, A. (2006). „Den Krieg überdenken. Kriegsbegriffe und Kriegstheorien in der Kontroverse", in Anna Geis (Hrsg.). „Den Krieg überdenken", S.21.

[37] Herberg-Rothe, A. (2003). „Der Krieg – Geschichte und Gegenwart", S.153.

[38] Freudenberg, D. (2010). „Irreguläre Kräfte und der Interssierte Dritte im modernen Kleinkrieg", in Thomas Jäger (Hrsg.). „Die Komplexität der Kriege", S.184.

[39] Ebd., S.184.

ner Intensitätsschwelle unterhalb der Kriegsebene zwischen staatlichen und nichtstaatlichen Akteuren zu Tage. Dabei ist bezeichnend, dass die Fronten zwischen den Beteiligten verschwimmen, was auch zu Verhärtungen in den jeweiligen Auseinandersetzungen führt. Je stärker eine Seite dabei in die Enge getrieben wird und je aussichtsloser sich der Kampf darstellt, desto brutaler geht diese Seite dabei vor. Das gilt sowohl für die staatlichen, wie nichtstaatlichen Akteure.[40]

2.2 Formen irregulärer Kriegführung

Um Handlungsoptionen und Vorteile in Konflikten zu erreichen, greifen die verschiedenen Akteure auf diverse Formen irregulärer Einsätze und Kriegführung zurück. Während die bereits beschriebenen Ausdrucksformen irregulärer Konfliktaustragung synonym oder auch überschneidend zur akademischen Erklärung dieses Formenwandels von Gewalt dienen, können die folgenden drei Arten als Ausprägungen und politisch-militärische Formen irregulärer Kriegführung angesehen werden. Diese spielen in Strategien und politisch-militärischen Papieren eine immer größere Rolle und sind auch Grundlage für den Einsatz von SOF.

2.2.1 Unkonventionelle Kriegführung

Diese Form der Kriegführung ist vor allem in den USA Teil der Einsatzdoktrin für Special Forces. Sie wird als Gegensatz zur konventionellen, also zu der gebräuchlichen und herkömmlichen Art der Kriegführung gesehen und dementsprechend genutzt. Das United States Special Operations Command (USSOCOM), welches als Kommandoeinrichtung die Ausbildung und die Einsätze der U.S. Spezialeinheiten koordiniert, definiert unkonventionelle Kriegführung folgendermaßen: „as activities conducted to enable a resistance movement or insurgency to coerce, disrupt, or overthrow a government or occupying power by operating through or with an underground, auxiliary, and guerrilla force in a denied area."[41] Es ist somit eine Art Aufstandsförderung gegenüber staatlichen, aber auch nichtstaatlichen Akteuren, mit dem Ziel einer Schwächung des Gegners oder auch eines Machtwechsels. Dabei werden Widerstandsbewegungen oder auch Aufständische durch den Auf-

---

[40] Schmidl, E.A. (2004). „Asymmetrische Kriege – alter Wein in neuen Schläuchen?", in Josef Schröfl, Thomas Pankratz (Hrsg.). „Asymmetrische Kriegführung – ein neues Phänomen der internationalen Politik?, S.130.

[41] U.S. Departement of the Army (2010). „Special Forces Unconventionel Warfare", S.1-1. Abgerufen am 21.05.2015, unter: <https://info.publicintelligence.net/USArmy-UW.pdf>.

bau und die Ausbildung von Untergrund- und Guerillaeinheiten unterstützt. In Konfliktsituationen werden diese Einheiten aktiv, indem sie den gegnerischen Sicherheitsapparat durch verschiedene irreguläre Taktiken, subversive Aktionen und angepasste Kampfweisen bekriegen.[42] Gerade dadurch wird versucht Vorteile gegenüber den konventionell agierenden Instrumenten des Gegners zu erlangen und Unterlegenheit, wie auch Nachteile bei Personalstärke, Ausrüstung und Ausbildung auszugleichen. Durch den Wissenstransfer der unterstützenden Kräfte kann so die Spannweite der aufständischen Einheiten vergrößert werden.[43] Elemente unkonventioneller Kriegführung können sowohl die schon angesprochenen SOF sein, aber auch Geheimdienste zur Informationsgewinnung und zivil-militärische Operationen, um Unterstützung in der Bevölkerung zu mobilisieren, Folgen des Eingreifens abzuschätzen und um Strukturen für eine post-Konflikt Periode zu etablieren.[44]

Unkonventionelle Kriegführung ist ein wichtiger Bestandteil regulärer Kriegführung. Durch solcherart Missionen und Kampagnen können Voraussetzungen für Folgeoperationen geschaffen, gegnerische Staaten und feindselige Organisationen geschwächt oder der eigene Einfluss ausgebaut werden.[45] Für die USA ist dies ein legitimes Vorgehen, um Proxys zu unterstützen und auch um eigene Interessen zu wahren und durchzusetzen.[46]

2.2.2 COIN

Counterinsurgency oder auch Aufstandsbekämpfung ist ein wichtiger Teil militärischer Strategien. Im Zuge der militärischen Interventionen der USA nach den Anschlägen vom 11.September 2001 ist diese Form der Kriegführung wieder mehr in den Vordergrund gerückt. Es gibt kaum akademische Lehrmeinungen für das Feld der Aufstandsbekämpfung in der heutigen Zeit, sondern mehr theoreti-

---

[42] USSOCOM [Online]. „Counter-Unconventional Warfare White Paper", vom 26.09.2014, S.3. Abgerufen am 21.05.2015, unter: <https://info.publicintelligence.net/USASOC-CounterUnconventionalWarfare.pdf>.

[43] Freudenberg, D. (2008). „Theorie des Irregulären", S.177-178.

[44] U.S. Departement of the Army (2010). „Special Forces Unconventionel Warfare", S.1-9/1-10. Abgerufen am 21.05.2015, unter: <https://info.publicintelligence.net/USArmy-UW.pdf>.

[45] U.S. Army (2012). „ADRP 3-05 Special Operations", S.2-1/2-2 (S.27-28).

[46] USSOCOM [Online]. „Counter-Unconventional Warfare White Paper", vom 26.09.2014, S.3-4. Abgerufen am 21.05.2015, unter: <https://info.publicintelligence.net/USASOC-CounterUnconventionalWarfare.pdf>.

sche Ansätze und Verallgemeinerungen wesentlicher Grundprinzipien, die vor allem aus der Praxis kommen und für die zweckmäßige Anwendung bestimmt sind.[47] COIN ist vor allem für die USA mehr als eine Militärdoktrin, denn es wird verstanden als „ein umfassendes Konzept für den Einsatz militärischer, politischer, wirtschaftlicher und propagandistischer Mittel in einem asymmetrischen, kriegerischen Konflikt."[48] Das US Army Field Manual FM 3-24 von 2006 ist ein Beispiel für einen solchen Ansatz, welches all die Maßnahmen einer Regierung zusammenfasst, die benutzt werden, um Aufständische zu besiegen. Die Erfahrungen aus den Einsätzen der USA in den 1990er Jahren und aus Afghanistan und Irak der 2000er Jahre flossen in diese Konzeption mit ein, die von General Petraeus (U.S. Army) und General Amos (U.S. Marine Corps) verfasst wurden.[49] Aufständische, oder auch Insurgenten, werden definiert als „organized movement aimed at the overthrow of a constituted government through the use of subversion and armed conflict".[50] COIN Maßnahmen sind daraus abgeleitet „military, paramilitary, political, economic, psychological, and civic actions taken by a government to defeat insurgency".[51] SOF sind bei COIN eher sekundär. Sie kommen vor allem bei Ausbildung, Beratung und auch bei Spezialmissionen zum Einsatz.[52] Aufstandsbekämpfung ist nicht vorrangig als ein militärischer Kampf zu verstehen, sondern es liegt ein zutiefst politischer Charakter zugrunde. Dabei spielen die Erringung von Legitimität für den gesellschaftlichen Rückhalt und die moralische und juristische Entrechtlichung des Gegners eine Schlüsselrolle.[53] Diese Mischung aus feind- und bevölkerungszentrierten Ansätzen soll die Aufständischen schwächen und isolieren und die Zivilgesellschaft überzeugen, dass es in ihrem ureigenen Interesse liegt, die jeweilige Regierung zu unterstützen.[54]

---

[47] Hippler, J. (2011). „Counterinsurgency – Theorien unkonventioneller Kriegführung: Callwell, Thompson, Smith und das US Army Field Manual 3-24", in Jäger, T., Beckmann, R. (Hrsg.). „Handbuch Kriegstheorien", S.256.

[48] Rudolf, P. (2011). „Zivil-militärische Aufstandsbekämpfung", in SWP Studie, S.5.

[49] Kilcullen, D. (2010). „Counterinsurgency", S.1-2; 17.

[50] US Army/US Marine Corps (2006). „Counterinsurgency FM 3-24", S.1-1 (S.13).

[51] Ebd., S.1-1 (S.13).

[52] Ebd., S.6-3 (S.137).

[53] Hippler, J. (2011). „Counterinsurgency – Theorien unkonventioneller Kriegführung: Callwell, Thompson, Smith und das US Army Field Manual 3-24", in Jäger, T., Beckmann, R. (Hrsg.). „Handbuch Kriegstheorien", S.273.

[54] Rudolf, P. (2011). „Zivil-militärische Aufstandsbekämpfung", in SWP Studie, S.7-8.

COIN ist eine Mischung aus umfangreichen zivilen und militärischen Anstrengungen, die darauf ausgerichtet sind, gleichzeitig Aufstände einzugrenzen und die Konfliktursachen zu bearbeiten.[55] Diese praktisch anwendbaren militärischen Konzepte sollen Sicherheit und gutes Regieren ermöglichen, sowie die Bevölkerung für die Aufstandsbekämpfung gewinnen. Das erringen von Initiative in einem Gewaltkonflikt essentiell und mit ihrem COIN Ansatz existiert für die USA eine praktische Anleitung, die je nach Anpassung an die entsprechende Situation zum Erfolg führen kann.[56]

2.2.3 Hybride Kriegführung

Hybride oder auch nicht-lineare Kriegführung ist ein relativ neuer Begriff im Bereich des Formenwandels von Gewalt. Auch hier gibt es Überschneidungen mit anderen Erscheinungsformen, was wiederum die große Spannweite der Begrifflichkeiten und Erläuterungen zeigt. Vor allem auf politischer und militärischer Ebene wird dieser Begriff vermehrt genutzt – in den USA durch Frank G. Hoffman und in der Russischen Föderation durch General Waleri Gerassimow. In Deutschland kommt zur politischen auch eine akademische Debatte dazu. Trotz der Aktualität, durch den Libanon Krieg 2006,[57] den 5-Tage-Krieg in Georgien 2008 oder die Ukraine Krise seit 2014,[58] ist diese Erscheinungsform nicht neu, sondern „vielfältig und (unterliegt) einem steten Wandel."[59] Hoffmann definiert hybride Kriegführung als „zumeist gleichzeitige und synergetische Kombination konventioneller und irregulärer Kampfweise in Verbindung mit terroristischen Aktionen und kriminellem Verhalten in einem Kampfgebiet (...) um politische Ziele zu er-

---

55 U.S. Government (2009). „Counterinsurgency Guide", S.2. Abgerufen am 01.05.2015, unter: <http://www.state.gov/documents/organization/119629.pdf>.

56 Ehrhart, H.G. und Kaestner, R. (2012). „US/NATO Counterinsurgency in Afghanistan: Evaluating Concepts and Practices", in H.G. Ehrhart, S.B. Gareis, C. Pentland (Hrsg.). „Afghanistan in the Balance", S. 14-15.

57 Hoffman, F.G. (2009). "Hybrid Warfare and Challenges", in Joint Force Quarterly [Online]. Issue 52, 1st quarter 2009, S.37. Abgerufen am 29.04.2015, unter: <http://smallwarsjournal.com/documents/jfqhoffman.pdf>.

58 Ehrhart, H.G. (2014). „Russlands unkonventioneller Krieg in der Ukraine: Zum Wandel kollektiver Gewalt", in APuZ47-48/2014, S.26.

59 Ehrhart, H.G. (2015). „Hybride Kriege", in IPG-Journal [Online]. Startseite/Schwerpunkt des Monats/Neue High-Tech-Kriege vom 02.03.2015. Abgerufen am 04.03.2015, unter: <http://www.ipg-journal.de/schwerpunkt-des-monats/neue-high-tech-kriege/artikel/detail/hybride-kriege-818/>.

reichen."[60] Das Spektrum reicht von Partisanentaktiken und dem Einsatz von Spezialkräften, über jede Form politischer, wirtschaftlicher und cyberbezogener Aktionen, bis hin zu Operationen mit Kampagnen in den sozialen Medien, um die öffentliche Meinung in einem Konflikt gezielt zu beeinflussen.[61] Die Akteure können transnational und global durch Netzwerke und vielschichtige Verbindungen auf allen Ebenen internationaler Beziehungen agieren, um Gesellschaften, Organisationen und Regierungen zu destabilisieren. Flexibilität und Subversion ist ein wichtiges Merkmal, um traditionelle und unkonventionelle Mittel auf taktischer Ebene verschmelzen zu lassen.[62] Mögliche Handlungen einer solchen hybriden Strategie können nur schwer vorausgesagt und zugeordnet werden, denn die Akteure agieren in Grauzonen und sind in der Lage, sich schnell von konventionellen Truppen zu Guerillakämpfern oder Zivilisten zu wandeln.[63] Auf Grund des Fehlens einer genauen und allgemein anerkannten Definition, bewegen sich staatliche, wie auch nicht-staatliche beteiligte Akteure in einem rechtlich fragwürdigen und schwer zu beurteilenden Rahmen.[64]

Hybride Kriegführung kann politische, ideologische, ethnische, kriminelle, militärische oder andere Bereiche umfassen, die sich überlagern oder auch in den Zielsetzungen ändern. Vorrangig sind diese auf Überraschung und Verwirrung angelegt, um politischen Einfluss zu erreichen, um die Schwächen von Gesellschaften auszunutzen, um die öffentliche Meinung zu manipulieren oder auch um Druck auf die Wirtschaft und politischen Entscheidungsträger auszuüben.[65] Die USA ha-

---

60 Tamminga, O. (2015). „Hybride Kriegsführung", in SWP-Aktuell 27, März 2015, S.1.

61 Hoffman, F.G. (2009). "Hybrid Warfare and Challenges", in Joint Force Quarterly [Online]. Issue 52, 1st quarter 2009, S.36-38. Abgerufen am 29.04.2015, unter: <http://smallwarsjournal.com/documents/jfqhoffman.pdf>.

62 Nass, M. (2015). „Das neue Gesicht des Krieges", in Die ZEIT [Online]. Politik/Ausland/NATO vom 12.03.2015. Abgerufen am 29.04.2015, unter: <http://www.zeit.de/2015/11/nato-ukraine-krieg-russland>.

63 Helbig, Robert (2014). „Wie wir in Zukunft Krieg führen", in Handelsblatt [Online] vom 07.08.2014. Abgerufen am 29.04.2015, unter: <http://www.handelsblatt.com/meinung/gastbeitraege/gastkommentar-wie-wir-in-zukunft-krieg-fuehren/10293608.html>.

64 McCulloh, T.; Johnson, R. (2013). „Hybrid Warfare", in Joint Special Operations University Report 13-4, August 2013. S.2-3; 5-6. Abgerufen am 29.04.2015, auf: <http://jsou.socom.mil/JSOU%20Publications/JSOU%2013-4_McCulloh,Johnson_Hybrid%20Warfare_final.pdf>.

65 Major, C., Mölling, C. (2015). „Eine hybride Sicherheitspolitik für Europa", SWP-Aktuell 31, April 2015, S.1-2.

ben diese Gefahren und Möglichkeiten erkannt, was sich zwar in amtlichen Papieren widerspiegelt, aber in offizieller Anwendung bisher nicht bestätigt wurde.[66]

2.3 Resümee

Ziel dieses Abschnitts war es, einen Überblick über den aktuellen akademischen Forschungsstand zu geben, der auch politische Bedeutung hat und praktische Anwendung findet. Viele der beschriebenen Begrifflichkeiten, Bezeichnungen und Definitionen werden in der Analyse von Gewaltkonflikten synonym verwendet, je nach Hintergrund und je nach gesellschaftlichen oder politischen Akteur, der die Deutungshoheit besitzt.[67] Die Auswirkungen dieser Formen von Gewalt sind je nach Konflikt unterschiedlich und werden auch je nach Akteur und dessen Zielsetzung individuell bearbeitet. Diese Vielzahl an Terminologie ist der Rahmen, in dem die militärischen Spezialkräfte von der Politik eingesetzt werden. Dies wird nun im zweiten Abschnitt näher erläutert.

---

[66] USSOCOM [Online]. „Counter-Unconventional Warfare White Paper", vom 26.09.2014, S.25. Abgerufen am 21.05.2015, unter: <https://info.publicintelligence.net/USASOC-CounterUnconventionalWarfare.pdf>.

[67] Ehrhart, H.G. (2014). „Russlands unkonventioneller Krieg in der Ukraine: Zum Wandel kollektiver Gewalt", in APuZ47-48/2014, S.26-27.

3 U.S. Special Operations Forces im Einsatz

Den Hauptteil dieser Arbeit bildet die Auseinandersetzung mit Spezialkräften, welche, der aufgestellten These nach, von den USA als ein Mittel in den sich wandelnden Bedrohungsspektren eingesetzt werden, um die eigenen Interessen wirksam durchzusetzen. Wo Terroristen, Aufständische und andere Akteure den Formenwandel von Gewaltkonflikten aus Positionen der Schwäche anwenden, nutzen die USA diesen Formenwandel aus einer Position der Stärke.[68] Als Fallbeispiel dienen die USA, die als einzige globale Kriegführungsmacht momentan in der Lage sind, weltweite Operationen in kürzester Zeit durchzuführen.[69] Eines ihrer Werkzeuge dafür ist ihre große Bandbreite an verschiedenen SOF Einheiten, deren Ausbau seit 2001 kontinuierlich angestiegen ist.[70] Dieser Abschnitt gibt zunächst einen geschichtlichen Überblick der U.S. amerikanischen Spezialkräfte, gefolgt von einem Überblick über deren Struktur und einer Analyse der Kampfweisen und Einsatzgrundsätze. Der Vorteil der *Revolutions in military affairs* wird als ein Teil eines Formenwandels von Special Operations Forces beschrieben, welcher auch im Fallbeispiel des Afghanistankrieges ab 2001 deutlich wird.

3.1 Geschichte U.S. Special Operations Forces

Um die Bedeutung von Special Operations Forces für die globale U.S. amerikanische Strategie zu verstehen, ist es wichtig zu wissen, wie SOF in den USA definiert werden. In der Joint Publication 3-05 Special Operations, sind SOF folgendermaßen beschrieben: „(...) trained to operate on their own under mission command, using modified/special equipment and irregular tactics, techniques, and procedures; and they train to accomplish their special operations core activities to achieve strategic and operational objectives."[71] U.S. Special Operations Forces

---

[68] Bauer, T. (2008). „Sun Tzu und die asymmetrische Kriegsführung von heute", in Sebastian Buciak (Hrsg.) „Asymmetrische Konflikte im Spiegel der Zeit", S.106.

[69] Pillalamarri, A. (2015). „Assessing US Military Power", in The Diplomat [Online], vom 07.03.2015. Abgerufen am 06.07.2015, unter: <http://thediplomat.com/2015/03/assessing-us-military-power/>.

[70] USSOCOM [Online]. „Posture Statement of Admiral William H. McRaven, USN Commander, USSOCOM before the 112th Congress, Senate armed Services Committee", vom 06.03.2012, S.11-12. Abgerufen am 28.05.2015, unter: <https://fas.org/irp/congress/2012_hr/030612mcraven.pdf.>.

[71] US Joint Chief of Staff [Online]. „Joint Publication 3-05 Special Operations", vom 16.07.2014, S.I-3. Abgerufen am 28.05.2015, unter: <http://fas.org/irp/doddir/dod/jp3_05.pdf>.

sind durch besondere Verfahren ausgewählt, auf einem besonders hohen Level ausgebildet und mit der bestmöglichen Ausrüstung ausgestattet. Sie agieren in kleinen Einheiten mit unterschiedlichen Fähigkeiten und sollen durch ihren operativen Einsatz einen strategischen Nutzen generieren.[72] Für die USA sind SOF ein integraler Bestandteil ihrer Militärpolitik.[73]

Mit dem Aufstieg der USA zu einer globalen Supermacht, nahm auch die Bedeutung von SOF zu. Diese sind heute eines der wichtigsten Werkzeuge der Streitkräfte zur Umsetzung ihres Auftrages. Ihre Tradition beziehen die verschiedenen Einheiten aus der U.S. Militärhistorie, denn seit Beginn der amerikanischen Geschichte sind spezialisierte Formationen immer ein Teil der Strategie. Zu Beginn wurden die amerikanischen Streitkräfte durch den Einfluss europäischer Strategien und Taktiken geprägt, der mit Kampfweisen der amerikanischen Ureinwohner vermischt wurde. Daraus entwickelte sich im Laufe der Geschichte eine eigene Tradition.[74]

Nordamerika war im 17. Jahrhundert von religiös motivierten Auswanderen aus Großbritannien, Frankreich, Schweden, Spanien, den Niederlanden oder den deutschen Gebieten geprägt. Da die regulären Truppen der europäischen Mächte in Machtkämpfen in Europa gebunden waren, musste sich jede Kolonie selbst verteidigen. Dabei wurde das traditionelle System der Milizen genutzt, um sich gegen indianische Ureinwohner, aber auch andere europäische Kolonien zur Wehr zu setzen.[75] Vorbild waren vor allem britische Prinzipien und Taktiken, die allerdings durch die unterschiedlichen Umweltbedingungen nur bedingt griffen. Das Terrain, die geringe Anzahl an wehrfähigen Milizionären, die Angst vor Sklavenaufständen und auch die Taktiken der indianischen Ureinwohner forderten eine Anpassung der militärischen Vorgehensweisen.[76]

Besonderen Einfluss auf die Entwicklung amerikanischer Streitkräfte und der ersten Spezialeinheiten waren die indianischen Taktiken, die sich grundlegend von europäischer Kampfweise unterschieden. Im Gegensatz zum geschlossenen und

---

[72] Wey, A.L.K. (2014). „Principles of Special operations: Learning from Sun Tzu and Frontinus", in Comparative Strategy, 33, S.132.

[73] McNab, C. (2013). „America's Elite", S.11.

[74] US Army (2006). „Ranger Handbook SH 21-76", S.i-iv.

[75] Stewart, R.W. (2009). „American Military History, Volume 1", S.30.

[76] Ebd., S.30-32.

disziplinierten Kampf in Gruppen der Europäer mit Feuerwaffen, Spießen und Schwertern, setzten die Ureinwohner auf lose Gruppen unter der Führung eines Kriegshäuptlings mit Bogen, Speeren, Messern und Tomahawks. Während die Europäer auf offene Feldschlachten setzten, stürzten sich die Indianer nach Hinterhalten und Überraschungsangriffen in Mann-gegen-Mann Kämpfe, ohne Rücksicht auf Frauen und Kinder, die in blutigen Orgien endeten konnten. Regeln der Kriegführung, die in Europa gängig waren, kannten die Ureinwohner nicht, was die Kolonisten zu Anpassungen zwang. Die Kombination europäischer und indianischer Taktiken und Waffentechnologien brachte den Siedlern schließlich Vorteile im Kampf und festigte ihre Position in der Neuen Welt.[77]

1755 rekrutierte Robert Rogers für die Briten eine Kompanie Milizionäre in New Hampshire, die überwiegend aus Jägern, Förstern und Trappern bestand und die während des Franzosen- und Indianerkrieges (1754-1763) zum Einsatz kam. Die als *Rogers' Rangers* bekanntgewordene Einheit, eine Art Aufklärungstruppe, infiltrierte feindliches Gebiet und wendete vorrangig Guerillataktiken an.[78] Das hieß für die damalige Zeit nicht die gängige europäische Lineartaktik der regulären Truppen anzuwenden, sondern in Gruppen zu kämpfen, die natürliche Deckungen, sowie Überraschungsangriffe nutzten.[79] Dabei bediente er sich indianischer Taktiken und hochwertiger Ausrüstung, wie zum Beispiel grüne Uniformen zur Tarnung, spezielle Musketen und Tomahawks. Rogers entwickelte eine eigene Doktrin für seine Einheiten, die 28 ranging rules umfasste, welche als Ausbildungsrichtlinien und Regeln für den Kampf dienten.[80] Neunzehn seiner Regeln gelten noch heute für deren Ausbildung und sind Bestandteil des Selbstverständnisses der U.S. Army Ranger.[81] Durch die Kombination indianischer Kampfweise und Ausrüstung, sowie den Einsatz gemischter Einheiten aus weißen Siedlern und indianischen Verbündeten, wurden die Ranger zum Vorbild und zur Tradition heutiger U.S. Spezialeinheiten. Diese bewusste Anpassung an die herrschenden

---

[77] Ebd., S.28-29.

[78] McNab, C. (2013). „Robert Rogers and the Early Ranger Warriors", in The History Reader [Online]. Home/Military History/Robert Rogers and the Early Ranger Warriors vom 27.03.2013. Abgerufen am 12.05.2015, unter: <http://www.thehistoryreader.com/modern-history/robert-rogers-early-ranger-warriors/>.

[79] Stewart, R.W. (2009). „American Military History, Volume 1", S.40-41.

[80] McNab, C. (2013). „America's Elite", S.21-24.

[81] US Army (2006). „Ranger Handbook SH 21-76", S.i-ii.

Umweltbedingungen und die Nutzung alternativer Kampfweisen kann als eine Voraussetzung für den Erfolg von späteren SOF gesehen werden.[82]

Der amerikanische Unabhängigkeitskrieg zeichnete sich vor allem durch den Kampf zwischen der militärisch und technisch überlegenen britischen Armee gegenüber einer unzureichend ausgerüsteten, ausgebildeten und aus Milizionären aufgestellter Kolonialarmee der aufständischen Dreizehn Kolonien aus. Veteranen des Französisch-Indianischen Krieges kämpften auf beiden Seiten. Für die britische Krone taten sich besonders *Butlers Ranger* hervor, die in der heutigen amerikanisch-kanadischen Grenzregion kämpften. Die Besonderheit dieser Truppe zeichnete sich durch den hohen Anteil an indianischen Kämpfern aus, die mit ihren Erfahrungen der Region und irregulärer Kampfweise einen wesentlichen Beitrag zum Erfolg der Ranger beitrugen. Der Mix aus Kämpfern mit verschiedenem Hintergrund und Wissen spielte immer wieder im Verlauf der Geschichte der amerikanischen Spezialkräfte eine wichtige Rolle. Auf Seiten der Kolonien kämpften einige Veteranen von Rogers' Ranger, die vor allem in führenden Positionen ihre Milizeinheiten mit irregulären Strategien und Taktiken gegen die Briten antreten ließen.[83] Der als *Swamp Fox* bekannt gewordene Francis Marion war im Süden der Kolonien aktiv und wendete vor allem *hit-and-run* Taktiken an, indem er sich mit seinen Männern in unwegsamen Gelände versteckte, um blitzartig Versorgungs- und Kommunikationsrouten zu überfallen. Die Erfolge dieser Strategie schwächten den Gegner und banden Einheiten, die anderswo gebraucht worden wären.[84] Bis heute ist dies ein Teil des Aufgabenspektrums von SOF.

Im Zuge des amerikanischen Bürgerkrieges entwickelten sich Einheiten mit speziellen Aufgabenbereichen auf beiden Seiten der Konfliktparteien. Dabei wurden irreguläre- und Guerillataktiken angewandt, um Informationen zu sammeln und um für Verwirrung in den Reihen des Gegners zu sorgen. Durch die Weiterentwicklung von Waffen, Ausrüstung und strategischem Einsatz können diese Einheiten als weiterer Schritt in der Evolution von U.S. SOF angesehen werden. Auf Seiten der Nordstaaten, der Unionstruppen, etablierte sich eine Einheit von Freiwil-

---

[82] McNab, C. (2013). „America's Elite", S.10.

[83] Sheftik, G. (2014). „Rangers amongs first leaders of America's Army", in U.S. Army Homepage [Online]. Homepage/News Archives/Article vom 05.06.2014. Abgerufen am 23.05.2015, unter:
<http://www.army.mil/article/80795/Rangers_among_first_leaders_of_America_s_Army/>.

[84] Stewart, R.W. (2009). „American Military History, Volume 1", S.92-93.

ligen, die vor allem zur Informationsgewinnung eingesetzt wurde. Die *Jessie Scouts* trugen Uniformen der konföderierten Südstaaten und sammelten so viele Informationen wie möglich. Sie agierten dabei einzeln, in kleinen Gruppen oder auch in größeren Verbänden, wenn sie Hinterhalte oder Überraschungsangriffe durchführten. Die Problematik bei dieser Einheit war vor allem das Tragen der gegnerischen Uniform, was Spionage gleichkam und meist bei Entdeckung mit dem sofortigen Tod bestraft wurde.[85] Eine weitere Kategorie waren die *U.S. Army Indian Scouts*, die vor allem als Aufklärungseinheiten und Berater für militärische Führer agierten. Ihre Insignien, zwei gekreuzte Pfeile mit den Zeichen U S S, wurden Teil des Wappens einiger späterer SOF. In den Reihen der Südstaaten etablierte sich John S. Mosby mit seinem *43rd Battalion Virginia Cavalary Partisan Rangers*. Der als *Grey Ghost* bekannt gewordene Mosby kommandierte Einheiten im feindlichen Hinterland, die neben dem Sammeln von Informationen, vor allem Truppen binden sollten. Dazu überfielen sie Nachschubeinheiten oder auch unvorbereitete Truppenteile der Union, um für Verwirrung und Unsicherheit zu sorgen.[86] Sowohl die Scouts, wie auch die Ranger, stellten durch ihre Anpassungsfähigkeit eine weitere Stufe in der Entwicklung von SOF dar und sind somit Teil ihres heutigen Selbstverständnisses.

Die Geschichte der modernen U.S. Special Operations Forces startete während des Zweiten Weltkrieges. Als Reaktion auf die Erfolge von deutschen und britischen Spezialkräften, stellten die USA ab 1942 eigene Einheiten auf. Dabei zeichnete sich eine bis heute bestehende Kluft zwischen den einzelnen Teilstreitkräften und dem Geheimdienst ab. Als eine der ersten Einheiten der Army wurden 1942 die *First Special Service Force* gegründet, die als Vorgänger der Green Berets gilt. Die als *Devil's Brigade* bezeichnete gemischte Einheit aus U.S. Amerikanern und Kanadiern wurde speziell im Fallschirmspringen, in amphibischen Landungen, für den Kampf im Gebirge und in verschneiten Regionen ausgebildet. Dies ist heute ein obligatorischer Teil der Ausbildung von SOF. Bis zu ihrer Außer-Dienst-Stellung 1944 wurde diese Einheit im Pazifik, in Italien und in Frankreich eingesetzt. Die U.S. Army bildete Rangereinheiten in Bataillonsstärke, die vorrangig für Sturmangriffs- und Spezialeinsätze eingesetzt werden sollten. In Nordirland wurden diese Freiwilligenbataillone in Zusammenarbeit mit britischen Commandos

---

[85] Phillips, D. L. (1997). „The Jessie Scouts", in Jessie Scouts – An Overview [Online]. Abgerufen am 23.05.2015, unter: <http://www.jessiescouts.com/JS_Overview.html>.

[86] McNab, C. (2013). „America's Elite", S.54-55.

ausgebildet. Dabei wurde besonders auf körperliche Fitness, flexibles Denken und taktisches Verständnis Wert gelegt, damit auch kleine Trupps die vorgegebenen Ziele erreichen konnten.[87] Zum ersten Einsatz kamen die Ranger 1942 beim fehlgeschlagenen Landungsunternehmen im nordfranzösichen Dieppe. Im Zuge weiterer Landungen in Nordafrika, Sizilien und Italien stellten die Ranger ihre Fertigkeiten als Stoßtruppen unter Beweis, die ihnen beim D-Day schließlich ihren Ruf verdankten: „Rangers, lead the way!"[88] An der Pazifikfront wurden Ranger ebenfalls als Stoßtruppen, aber auch für Fernaufklärung und Kommandooperationen eingesetzt. Die sogenannten *Merrill's Marauders* kämpften in Burma gegen die Japaner und standen, wie auch die anderen Rangereinheiten, durch ihre Anpassungsfähigkeit und Kampfmoral Pate für spätere SOF.[89] Außerhalb der regulären Streitkräfte bestand das Office of Strategic Services (OSS), um nachrichtendienstliche Informationen zu sammeln, Propagandamaßnahmen anzuwenden, Guerillakampf durchzuführen und alliierte Partisanen und Aufständische auszubilden, sowie Sabotage und Subversion zu betreiben.[90] Dabei nutzte der OSS eigene Kräfte, aber auch ihm abgeordnete Militäreinheiten. 1947 wurde der OSS in die CIA umgewandelt.[91]

In der Zeit des Kalten Krieges betrieben die USA einen starken Aufwuchs an Spezialkräften. Dabei zeigte sich eine starke Rivalität zwischen den Teilstreitkräften und dem Geheimdienst CIA. Waren während des Korea Krieges noch die *U.S. Army Ranger* die Speerspitze für Kommandounternehmen und Fernaufklärung hinter feindlichen Linien, so kamen bei der amerikanischen Beteiligung am Vietnamkrieg (1965-1973) auch Einheiten der Navy (zb. SEALs), der Air Force (z.B. Pararescue Jumpers) und des CIA (z.B. Phoenix Program) zum Einsatz.[92] Die Furcht vor einer kommunistischen Ausbreitung in den eigenen Interessensphären beschleunigte den Aufwuchs an SOF ab den 1950er Jahren, und somit auch deren Aufgabenbereich. Präsident John F. Kennedy unterstützte ihren Aufbau, da er großes Vertrauen in ihre Fähigkeiten in den Bereichen von irregulärer und asymmet-

---

[87] McNab, C. (2013). „America's Elite", S.67-68.

[88] US Army (2006). „Ranger Handbook SH 21-76", S.ii.

[89] Ebd., S.ii-iii.

[90] Stewart, R.W. (2010). „American Military History, Volume 2", S.108.

[91] Sievert, K.-G. (2012). „Überall und jederzeit – US Special Forces im Einsatz", S. 9-10.

[92] McNab, C. (2013). „America's Elite", S.163-169, 239-245.

rischer Kriegführung, wie auch in Aufstandsbekämpfung setzte.[93] 1961 stieg die Zahl an U.S. Army SOF von 1.500 auf über 9.000.[94] Schon im Vorfeld des amerikanischen Engagements in Vietnam unterstützten vor allem *Green Berets* der U.S. Army und Einheiten des CIA die Truppen von Südvietnam und Laos mit Beratern und Ausbildern. Die streng geheime *Studies and Observation Group* koordinierte ab 1964 Einsätze irregulärer Art. In Zusammenarbeit mit SOF wurden unkonventionelle Operationen im Bereich geheimer Aufklärungseinsätze zur Gefangennahme feindlicher Kämpfer, zur Befreiung von Kriegsgefangenen oder auch für psychologische Kriegführung durchgeführt.[95] Nachdem die USA in offizielle Kampfhandlungen eingetreten waren, kamen nun auch SOF vermehrt in verdeckten Operationen zum Einsatz. Vor allem an Fernaufklärung, zur Informationsbeschaffung, für Capture-or-Kill Missionen, wie auch als Unterstützungselemente bei größeren Operationen, beteiligten sich diese Einheiten.[96] Nach dem Rückzug der amerikanischen Streitkräfte aus Vietnam hielten die USA an ihren Spezialeinheiten fest. Die Teilstreitkräfte stockten sogar ihre Formationen auf, so dass viele militärische Verbände nebeneinander existierten, die gleiche und ähnliche Aufgabenspektren abdeckten. In den 1980er Jahren setzten die USA vermehrt auf ihre Spezialkräfte, wie bei Missionen in El Salvador, Iran, Kolumbien oder auch in Panama.[97] Dabei unterstützten sie freundlich gesinnte Regime und Staaten bei der Ausrüstung und Ausbildung von Sicherheitspersonal und Spezialeinheiten. Stellenweise begleiteten diese auch Einsätze gegen Aufständische (El Salvador) und Drogenkriminelle (Kolumbien). SOF wurden verstärkt dazu eingesetzt, Voraussetzungen für militärische Operationen zu schaffen, wie in Grenada 1983 und bei der Invasion von Panama 1989.[98] Bereits 1986 leitete der Goldwater-Nichols Act eine Streitkräftereform ein,[99] die unter anderem alle SOF Einheiten von ihren Teilstreitkräften abkoppelte und einem einzigen Kommando unterstellte – dem USSOCOM (siehe 2.2.).[100]

---

93 Stewart, R.W. (2010). „American Military History, Volume 2", S.298.

94 Ebd., S.282.

95 Ebd., S.358.

96 McNab, C. (2013). „America's Elite", S.165, 217, 226, 240.

97 McNab, C. (2013). „America's Elite", S.248.

98 Stewart, R.W. (2010). „American Military History, Volume 2", S.397-403.

99 Ebd., S.406.

100 Sievert, K.-G. (2012). „Überall und jederzeit – US Special Forces im Einsatz", S. 10-11.

Das Ende des Kalten Krieges bedeutete nicht das Ende von U.S. Special Forces, sondern ist eher als eine weitere Stufe in deren Entwicklung zu sehen. Vor und während des Golfkrieges 1990-1991 bildeten verschiedene Spezialeinheiten Kurden und weitere Aufständische aus und operierten im Irak, um Abschussbasen von Raketen aufzuklären oder auch um abgestürzte Piloten zu retten.[101] Mit zunehmender Anzahl neuer Technologien erweiterte sich auch das Aufgabenspektrum der Soldaten, so dass ihre Spezialisierung ständig stieg. In Somalia 1993 zeigte sich, dass sich nicht alle Konfliktbilder änderten und dass sich aus einem zeitlich und räumlich begrenzten Einsatz einer SOF Operation eine klassische Kampfsituation ergeben kann. Die Schlacht von Mogadischu, in der 18 U.S. Soldaten starben und fast einhundert verletzt wurden, gegenüber etwa 500-1.000 getöteten Kämpfern des Warlords Aidid, war schließlich Ausgangspunkt für eine veränderte Interventionspolitik der USA.[102]

Die Terroranschläge vom 11. September 2001 waren für die USA die Initialzündung dem Formenwandel in Gewaltkonflikten entgegen zu treten. SOF wurden eines der wichtigsten Instrumente im weltweiten *War on Terror*[103], der unter anderem in Afghanistan und dem Irak geführt wurde und bis heute weltweite Missionen umfasst. Die Mannstärke und das Budget wurden seit 2001 kontinuierlich erhöht und SOF sind nunmehr in über 100 Ländern im Einsatz.[104] Der Überprüfung und Anpassung der US-Militärstrategie durch Präsident Obama ab 2009 folgte diese massive Aufwertung, die vor allem vermehrt auf irreguläre Kriegführung, Ausbildung alliierter Streitkräfte und technische Überlegenheit setzt.[105]

Die amerikanische Militärgeschichte und die damit einhergehende Entwicklung von SOF ist der unabdingbare Hintergrund für das Verständnis zu der These, dass die U.S. SOF ein Ausdruck eines Formenwandels von Gewalt sind. Die USA als relativ junge Nation haben viele Umwälzungen in Gewaltkonflikten erfahren und auch mitgestaltet. SOF wurden zu einem immer wichtigeren Werkzeug der Streitkräfte

---

[101] Stewart, R.W. (2010). „American Military History, Volume 2", S.431.

[102] Ebd., S.434-437; McNab, C. (2013). „America's Elite", S.282-289.

[103] Bush, G.W. (2001). „Address to a Joint Session of Congress and the American People", in The White House [Online]. Home/News & Policies/September 2001 vom 20.09.2001. Abgerufen am 29.05.2015, unter: <http://georgewbush-whitehouse.archives.gov/news/releases/2001/09/20010920-8.html>.

[104] McNab, C. (2013). „America's Elite", S.292.

[105] Wagner, J. (2013). „Die Rückkehr der Schattenkrieger", in IMI-Studie, Nr.05/2013, S.1, 5. Abgerufen am 28.05.2015, unter: <http://www.imi-online.de/download/5_2013wagner.pdf>.

und des Geheimdienstes im Kampf um den Platz im internationalen System der Staaten. Im Folgenden werden die Struktur und Einheiten der U.S. SOF vorgestellt, damit die Beantwortung der Forschungsfrage mit wichtigem Hintergrundwissen verdeutlicht wird.

3.2 Organisationsstruktur U.S. Special Operations Forces

Um die vielen verschiedenen SOF Einheiten der Teilstreitkräfte besser zu koordinieren und ihre Einsätze abzustimmen, wurde 1987 das United States Special Operations Command (USSOCOM) eingerichtet. Das teilstreitkräfteübergreifende Kommando hat seinen Sitz in Florida. Mit einem eigenen Budget ausgestattet (2013 ca. 10,5 Mrd. \$)[106] agiert diese Kommandoeinrichtung seitdem unabhängig von anderen Bereichen der Armee. Der Auftrag von USSOCOM lautet:

- Sicherstellung von einsatzbereiten SOF, um die USA und ihre Interessen zu verteidigen,

- Synchronisierte Planung von weltweiten Operationen gegen Terror Netzwerke.[107]

Weitere Aufträge und Missionen umfassen:

- Gewährleistung einer professionellen Ausbildung und Personalentwicklung,

- Entwicklung von einheitlichen Einsatztaktiken, - techniken, und abläufen,

- Erstellung und Weiterentwicklung von Spezialkursen für die Ausbildung,

- Ausbildung von Kräften, die keinem Regionalkommando zugeordnet sind,

- Verwaltung und Ausführung des Budgets und eines Finanzplans,

- Erforschung, Entwicklung und Beschaffung von spezieller Ausrüstung für Erfordernisse von SOF.[108]

---

[106] Ebd., S.5.

[107] USSOCOM [Online]. „Fact Book 2014". S.14. Abgerufen am 01.06.2015, unter: <http://www.socom.mil/News/Documents/USSOCOM_Fact_Book_2014.pdf>.

[108] Sievert, K.-G. (2012). „Überall und jederzeit – US Special Forces im Einsatz", S. 11.

USSOCOM stellt SOF für die jeweiligen Regionalkommandos u.a. für folgende Aufträge zur Verfügung:

- Counterinsurgency und Counterterrorism,

- Unkonventionelle Kriegführung,

- Aufklärungsmissionen,

- Unterstützungs- und Ausbildungsmissionen,

- Direkte Kampfeinsätze gegen ein Ziel bzw. im Verbund mit anderen Kräften,

- Rettungsmissionen von Piloten oder Personen in feindlichem Umfeld.[109]

2004 wurde die Planung und Durchführung von Anti-Terroroperationen der CIA dem USSOCOM übertragen. Dadurch wurde die Informationspflicht der CIA gegenüber dem Geheimdienstausschuss des Kongresses umgangen, denn die Einsätze vom USSOCOM unterliegen dieser nicht.[110] Somit sind diese Missionen von jeglicher ziviler Kontrolle entkoppelt.

USSOCOM unterstehen fünf Kommandos, die die verschiedenen Einheiten der Teilstreitkräfte abdecken (Army, Navy, Air Force, Marines, Joint Command).

---

[109] Ebd., S. 11-12; USSOCOM [Online]. „Fact Book 2012". S.8. Abgerufen am 01.06.2015, unter: <https://fas.org/irp/agency/dod/socom/factbook-2012.pdf>.

[110] Wagner, J. (2013). „Die Rückkehr der Schattenkrieger", in IMI-Studie, Nr.05/2013, vom 05.04.2013, S.4. Abgerufen am 28.05.2015, unter: <http://www.imi-online.de/download/5_2013wagner.pdf>.

Abb. 1: USSOCOM Organisation.

Die SOF Einheiten werden, je nach Bedürfnis und Anforderung den acht regionalen SOF Kommandos unterstellt, die die Einsätze in ihrem jeweiligen Verantwortungsbereich koordinieren (Nordamerika, Südamerika, Afrika, Europa + Rußland, Mittlerer Osten, Korea, Südostasien, Pazifik). Wurden 2009 noch SOF in 60 Länder abgeordnet, so waren es 2011 schon über 100.[111] Dadurch stellen die USA eine weltweite Einsatzbereitschaft sicher, um ihre globale Führungsrolle zu erhalten.[112]

---

[111] McNab, C. (2013). „America's Elite", S.292.

[112] U.S. Departement of Defence (2012). „Sustaining U.S. Global Leadership: Priorities for 21st Century Defense". S. 1-3. Abgerufen am 01.06.2015, unter: <http://www.defense.gov/news/Defense_Strategic_Guidance.pdf>.

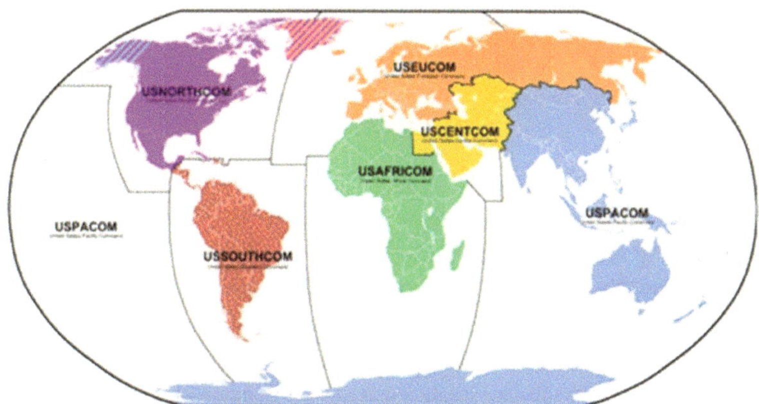

Abb. 2: USSOCOM Regionale Kommandos und Verantwortungsbereiche.

Mit dem Aufbau dieser, de facto fünften Teilstreitkraft, verfügen die USA über ein global einsetzbares Instrument zur Wahrung ihrer Interessen und zum Kampf gegen feindliche Kräfte. Ohne weitgehende Rechenschaftspflicht gegenüber zivilen Strukturen bewegt sich das USSOCOM in einer Grauzone, die nur schwer zu kontrollieren ist. Damit kann argumentiert werden, dass sich U.S. SOF auf eine ähnliche Stufe stellen, wie die Organisationen und feindlichen Kräfte, die sie bekämpfen.

3.3 Ausbildung U.S. Special Operations Forces

Für den Einsatz von Spezialeinheiten im globalen Umfeld eines sich stetig wandelnden Kriegsbildes erfordert eine konstante Aus- und Weiterbildung, um Aufträge in den verschiedenen Einsatzspektren erfolgreich auszuführen. Dazu wurden fünf sogenannte Wahrheiten der SOF entwickelt, die als ein Gegenentwurf für den Formenwandel von Gewalt gelten können:

1. Menschen sind wichtiger als Ausrüstung.

2. Qualität ist wichtiger als Quantität.

3. SOF können nicht in Massen produziert werden.

4. Fähige SOF können nicht erst nach Eintreten eines Notfalls geschaffen werden.

5. SOF-Einsätze benötigen die Unterstützung von konventionellen Truppen."[113]

Die Einsatzgrundsätze werden je nach Einheit durch individuelle Prinzipien und Überzeugungen ergänzt, die sich aus der jeweiligen Geschichte und Traditionen ableiten. Wie bereits erwähnt nutzen beispielsweise die U.S. Army Ranger noch immer Grundsätze aus der Geschichte von Roger's Ranger, um sich selbst von anderen Einheiten abzugrenzen und ihren elitären Status herauszustellen.[114] Gemäß der Army Doctrine Reference Publication (ADRP) von 2012 sind weitere Grundprinzipien für Operationen beschrieben, die als Schlüsselfertigkeiten für SOF gelten:

- Diskret,

- Präzise,

- und skalierbar.[115]

Auf dieser Grundlage haben sich die U.S. SOF als eine Elite innerhalb ihres Militärs herausgebildet, mit dem Anspruch die besten Kämpfer ihrer Zunft zu sein.[116]

Die Ausbildung von SOF spiegelt diese elitäre Stellung wieder. Aufbauend auf die normale Ausbildung als Soldat müssen sich SOF Anwärter einem harten und rigorosen Auswahlverfahren stellen. Die Elite der Navy, die SEALs (SEa, Air, Land Teams) beispielsweise, durchlaufen ein körperliches Auswahlverfahren und ein anschließendes einjähriges Trainingsprogramm, in denen es nur 20-25% der Anwärter in eine operative Kampfeinheit schaffen.[117]

---

[113] Sievert, K.-G. (2012). „Überall und jederzeit – US Special Forces im Einsatz", S. 15; USSOCOM [Online]. „Fact Book 2014". S.56. Abgerufen am 01.06.2015, unter: <http://www.socom.mil/News/Documents/USSOCOM_Fact_Book_2014.pdf>.

[114] US Army (2006). „Ranger Handbook SH 21-76", S.i.

[115] U.S. Army (2012). „ADRP 3-05 Special Operations", S.14.

[116] McNab, C. (2013). „America's Elite", S.10-11.

[117] Ebd., S.8-10.

PHYSICAL SCREENING TEST	MINIMUM	AVERAGE	OPTIMUM
Swim 500 yard breast or side stroke	12:30	10:00	9:30
Push-ups in two-minutes	42	79	100
Sit-ups in two-minutes	50	79	100
Pull-ups no time limit	06	11	25
Run 1.5 miles*	11:00	10:20	09:30

Abb. 3: Navy SEAL Physical Screening Test – Ausgangstest für Zulassung zum Trainings-programm.

In der ersten Phase des einjährigen Trainings wird acht Wochen lang vor allem die Kondition erhöht und die Teilnehmer werden über ihre persönlichen Grenzen hinaus gebracht. Den Abschluss bildet die sogenannte *Hell Week*, in der die Anwärter fünfeinhalb Tage kontinuierlich gedrillt werden, mit weniger als vier Stunden Schlaf in dieser gesamten Zeit. Dem folgen ein 24-wöchiges spezielles Grundtraining für Unterwassereinsätze und ein dreiwöchiger Fallschirmspringerkurs. Im folgenden 28-wöchigen *SEAL Qualification Training Program* wird spezialisierte Ausbildung z.B. in den Bereichen Kampf, Sprengen, Erste Hilfe, amphibische Aufklärung, erweiterte Fallschirmausbildung durchgeführt, aber auch Taktik und Fremdsprachen gelehrt. Den enormen physischen Belastungen wird auch mentale Flexibilität abverlangt, die es ermöglicht, auch unter den schwierigsten Bedingungen, die zweckmäßigsten Entscheidungen zu treffen. Die Teilnehmer, die es bis dahin geschafft haben, werden dann einem SEAL Team als sogenannter *Operator* zugeteilt, in dem sie weitere 18 Monate spezialisiert ausgebildet werden, bevor sie für den scharfen Einsatz bereit sind.[118] Ähnlich werden auch die Green Berets, die Marines Special Forces, die 352nd/353rd Air Force Special Operations Group oder auch die Delta Force Einheiten ausgebildet. Spezialisiert in den verschiedensten Verwendungen, z.B. als Scharfschütze, Medic, Funker oder Sprengstoffexperte, sind diese Kämpfer vielseitig ausgebildet und können zudem in den unterschiedlichsten Positionen eingesetzt werden.[119]

Dem verschiedenartigen Einsatzspektrum entsprechend müssen U.S. SOF immer über eine überdurchschnittliche Fitness verfügen, geistig und mental fit sein und

---

[118] McNab, C. (2013). „America's Elite", S.8-10; Military.com [Online]. „Navy SEAL Training". Joint the military/Special Operations. Abgerufen am 02.05.2015, unter: <http://www.military.com/special-operations/training-to-be-a-navy-seal.html>.

[119] Sievert, K.-G. (2012). „Überall und jederzeit – US Special Forces im Einsatz", S.15.

sich stetig im Training halten. Diese und andere Schlüsselfertigkeiten sind Teil der Ausbildung von SOF, die für eine Gesellschaft kämpfen, die eine solche Elite propagiert und als das Maß aller Dinge im Militär präsentiert.[120]

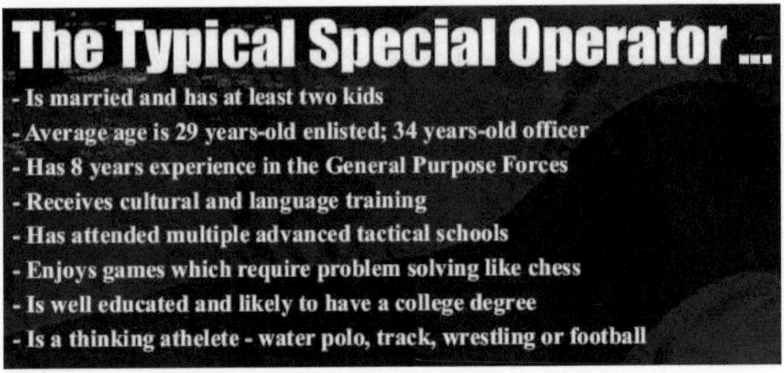

Abb. 4: Darstellung eines typischen SOF Soldaten der U.S. Streitkräfte.

3.4 Ausrüstung U.S. Special Operations Forces

Neben dem Training und Spezialisierungen, bildete auch immer die Ausrüstung von SOF einen Vorteil gegenüber ihren Gegnern. Wie auch ihre traditionellen Vorläufer, die Ranger des 17.-19. Jahrhunderts, nutzen diese Kämpfer Waffen und Ausrüstung, die sie perfekt beherrschen können und die meist auch dem neuesten Stand der Technik entsprechen. Durch das eigene Budget des USSOCOM können Waffen, Ausstattung und Materialien getestet und beschafft werden, die regulären Einheiten nicht zur Verfügung stehen. Am Beispiel der SEALs steht jedem Operator eine Vielzahl an Schusswaffen zur Auswahl, die je nach Einsatz und Zusammensetzung des Teams angepasst genutzt werden.[121] Aber auch Landfahrzeuge, Unterwassergerät und Luftunterstützung werden je nach Auftrag individuell abgestimmt und sind von hoher und technischer Qualität. Zusammen mit der Informationsüberlegenheit der U.S. Geheimdienste und den Satellitennetzwerken

---

[120] USSOCOM [Online]. „Fact Book 2014". S.58. Abgerufen am 01.06.2015, unter: <http://www.socom.mil/News/Documents/USSOCOM_Fact_Book_2014.pdf>.

[121] Sofrep.com [Online]. „Navy SEALs: Weapons & Gear". Abgerufen am 02.05.2015, unter: <http://sofrep.com/navy-seals/weapons-gear/>.

haben U.S. SOF einen weiteren Vorteil gegenüber ihren Gegnern, den sie bei ihren verdeckten Operationen weltweit nutzen.[122]

3.5 Einsatzspektrum U.S. Special Operations Forces

Operationen und Missionen von SOF zeichnen sich dadurch aus, dass sie vielfältig und anpassungsfähig sind, aber auch im Verborgenen stattfinden. Sie werden in sogenannten *full-spectrum operations* eingesetzt, einem Operationskonzept, welches Elemente von Offensive, Defensive, Stabilisierung und ziviler Unterstützung umfasst.[123]

USSOCOM definiert zwölf Kernaufträge für SOF:

1. *Direct Action*

   zeitlich begrenzte Aktionen von speziellen Teams, um Gegner gefangen zu nehmen, bzw. zu vernichten oder Ausrüstung zu zerstören, in sensiblem Umfeld.

2. *Special Reconnaissance*

   verdeckte Aufklärungs- und Überwachungsmissionen,um Informationen von strategischer oder taktischer Bedeutung zu erlangen.

3. *Countering Weapons of Mass Destruction*

   jegliche Missionen, um die Entwicklung, den Besitz, den Gebrauch und die Auswirkungen von WMD zu begrenzen.

4. *Counterterrorism*

   alle Einsätze gegen Terroristen und ihre Netzwerke.

5. *Unconventional Warfare*

   Missionen, um Aufstandsbewegungen zu befähigen, gegen eine Regierung oder eine Besatzungsmacht in Form von Guerillakampf vorzugehen.

6. *Foreign Internal Defence*

   Ausbildungs- und Unterstützungsmissionen für befreundete Staaten, um diese zu befähigen selbst gegen Aufständische, Terroristen und andere Kräfte vorzugehen, die die Stabilität gefährden.

---

[122] McNab, C. (2013). „America's Elite", S.292, 295-299.

[123] U.S. Army (2008). „Army Posture Statement 2008". Abgerufen am 04.06.2015, unter: <http://www.army.mil/aps/08/information_papers/transform/Full_Spectrum_Operations.html>.

7. *Security Force Assistance*

   Unterstützung im Bereich Security Sector Reform, um die Sicherheit der befreundeten Nation zu erhöhen.

8. *Hostage Rescue and Recovery*

   Rettungs- und Befreiungseinsätze in feindlichem Umfeld.

9. *Counterinsurgency*

   Aufstandsbekämpfung, um Feindkräfte zu besiegen und ihren Einfluss einzudämmen.

10. *Foreign Humanitarian Assistance*

    Humanitäre Einsätze im Rahmen von Hilfseinsätzen.

11. *Military Information Operations*

    Sammeln von Informationen über ausländische Regierungen, Organisationen oder Einzelpersonen.

12. *Civil Affairs Operations*

    Unterstützung ziviler Einsätze, um die Gründe für Instabilitäten herauszufinden.124

Im Rahmen dieser Kernaufträge werden SOF vom USSOCOM direkt eingesetzt, aber auch an andere Militäreinheiten oder Geheimdienstoperationen als Unterstützungsleistung abgestellt. Je nach Einheit sind die Soldaten in Trupps zu 4 Mann (+) gegliedert. Durch den flexiblen Einsatz ihrer Spezialisierungen, können sie auch je nach Einsatz individuell verstärkt oder abgeordnet werden. Da die Einsätze zusätzlich einer strengen Geheimhaltung unterliegen ist ein genauer Überblick über die Anzahl im Einsatz befindlicher SOF nicht möglich.

---

124 U.S. Army (2012). „ADRP 3-05 Special Operations", S.12-13 (xi-xii); Sievert, K.-G. (2012). „Überall und jederzeit – US Special Forces im Einsatz", S. 151-12.

3.6 Revolutions in military affairs – Exkurs zur Bedeutung von RMA für U.S. SOF

Mit dem Ende des Ost-West Konflikts entwickelte sich der Begriff der *Revolutions in military affairs*. Kern der RMA ist es, dass neue Technologien entwickelt werden, die eine solche Überlegenheit schaffen, damit konventionelle Auseinandersetzungen möglichst verlustfrei zu führen sind.[125] Dies soll durch die Einführung „so genannter intelligenter Waffen, die Optimierung der Treffsicherheit von Distanzwaffen sowie die Beschleunigung des Informationsflusses auf dem Gefechtsfeld durch den Einsatz der Mikroelektronik"[126] erreicht werden. Für SOF bedeutet das nicht nur eine verbesserte persönliche Ausrüstung, wie schusssichere Westen, intelligente Kleidung, Nachtsichtoptiken und neueste Waffen, sondern auch fortschrittliche Kommunikationstechnik, Geräte zur Gefechtsfeldbeobachtung und sie unterstützende Waffensysteme (z.B. Drohnen).[127] Darüber hinaus werden auch neue Bereiche durch den technologischen Fortschritt besetzt, wie der Cyberspace oder der Weltraum, um möglichst viele Vorteile zu erlangen und Einsätze vorhersehbarer zu machen. Somit zielt RMA auf eine asymmetrische militärische Überlegenheit durch neue Technologien und teures Kriegsgerät, um den Einsatz von Truppen einerseits zu minimieren und andererseits sicherer zu machen. Dabei spielt die Verlustvermeidung eine wichtige Rolle, um nicht den politischen Rückhalt zu verlieren.[128] Die Vernetzung von Krieg und Wirtschaft ist hier der Kernaspekt, der das Verhältnis von Zivilgesellschaft und Militärwesen verschiebt. Eine effektive Kontrolle durch die Politik wird somit erschwert.[129] Außerdem kann diese technologische Überlegenheit zu einer aggressiveren Außenpolitik führen, da die eigenen Kosten gering und die möglichen Kosten für Gegner verhältnismäßig hoch eingeschätzt werden. Als derzeit einzige, global agierende Kriegführungsmacht festigen die USA mit weltweiten Stützpunkten, technologi-

---

[125] Schörning, N. (2005). „Die Revolution in Military Affairs – Hemmschwelle für eine kooperative Weltordnung", in Ulrich Ratsch, Reinhard Mutz, Bruno Schoch, Corinna Hauswedell, Christopher Weller (Hrsg.). „Friedensgutachten 2005", S.219

[126] Münkler, H. (2006). „Was ist neu an den neuen Kriegen? – Eine Erwiderung auf die Kritiker", in Anna Geis (Hrsg.). „Den Krieg überdenken", S.138.

[127] Stewart, R.W. (2010). „American Military History, Volume 2", S.456-457.

[128] Münkler, H. (2006). „Was ist neu an den neuen Kriegen? – Eine Erwiderung auf die Kritiker", in Anna Geis (Hrsg.). „Den Krieg überdenken", S.139.

[129] Hansel, M. (2011). „Eine revolution in Military Affairs? – Visionäre und Skeptiker", in Jäger, T., Beckmann, R. (Hrsg.). „Handbuch Kriegstheorien", S.298-299.

scher Überlegenheit und Informationsdominanz ihre Stellung. [130] Doch genau diese Asymmetrien rufen wiederrum Asymmetrien hervor. Unterlegene Gegner versuchen diese Überlegenheit durch angepasste Taktiken und auch Nutzung westlicher Technologien auszuschalten, oder zumindest auszugleichen.

Die den Begriff der RMA umfassende Art des Formenwandels der Gewalt im 21.Jahrhundert ist vor allem dadurch zu erkennen, weil westliche Demokratien durch Überlegenheit in Technologie ihre eigenen Kosten zu senken versuchen und die Kosten des Gegners im Falle eines bewaffneten Konflikts in die Höhe treiben. Die USA sind dabei der wichtigste Vertreter, auch in der Entwicklung dieser Theorie. Reaktionen auf diese Entwicklung bleiben nicht aus und bedienen sich sowohl irregulärer Formen der Kriegführung, wie auch der Hochtechnologie selbst, soweit diese verfügbar und beherrschbar ist. Die Anwendung durch *Dual-Use* Produkte macht diese für jedermann nutzbar.[131]

3.7 Politische Dimension

Vor dem Hintergrund sich wandelnder Gewalt- und Konfliktbilder und dem Bestreben nach dem Erhalt der globalen Führungsrolle[132] ist der Einsatz von SOF für die U.S. Führung eines der wichtigsten militärischen Werkzeuge. Eine Schwerpunktsetzung auf irreguläre Formen der Kriegführung hat mehrere Vorteile für die USA. Sie senken die sichtbaren Kosten von Konflikten, an denen sie beteiligt sind. Wenn weniger Särge von Amerikanern zurückkommen und dafür mehr erfolgreiche Meldungen über ausgeschaltete Feinde dem Volk präsentiert werden, können öffentliche Debatten im Zaum gehalten werden.[133] Die spärlichen Informationen über den Einsatz von SOF und die gleichzeitige Verklärung dieser Elitetruppen führt zu einem Bild unbesiegbaren Schattenkrieger, was eine enorme

---

[130] Müller, H.; Schörning, N. (2002). „Mit Kant in den Krieg?", in Die Friedens-Warte, Band 77, Heft 4, S.363-366.

[131] Schörning, N. (2005). „Die Revolution in Military Affairs – Hemmschwelle für eine kooperative Weltordnung", in Ulrich Ratsch, Reinhard Mutz, Bruno Schoch, Corinna Hauswedell, Christopher Weller (Hrsg.). „Friedensgutachten 2005", S.220-221.

[132] Obama, B. (2012). „Sustaining U.S. Global Leadership: Priorities for 21st Century Defense", in The White House [Online]. S.1-3. Abgerufen am 22.06.2015, unter: <http://www.defense.gov/news/Defense_Strategic_Guidance.pdf>.

[133] Wagner, J. (2013). „Die Rückkehr der Schattenkrieger", in IMI-Studie, Nr.05/2013, vom 05.04.2013, S.1-3. Abgerufen am 28.05.2015, unter: <http://www.imi-online.de/download/5_2013wagner.pdf>.

psychologische Wirkung entfaltet. Intransparent ist aber auch die Stellung des USSOCOM und seiner SOF Einheiten innerhalb der parlamentarischen und öffentlichen Kontrolle. Es besteht keinerlei Rechenschaftspflicht gegenüber dem U.S. Kongress für Einsätze von SOF. Nur vor dem *U.S. Senate Arms Service Committee* gibt es ein *Posture Statement*, eine jährliche Stellungnahme.[134] Untersuchungen über Verfehlungen oder übermäßige Gewaltanwendungen bei Einsätzen untersucht das *United States Joint Special Operations Command* (JSOC), welches dem USSOCOM unterstellt ist, was unvoreingenommene und transparente Ermittlungen erschwert.[135] Dennoch wird ihre Zahl aufgestockt und auch ihr Budget angehoben.[136] Sie werden in über 80 Ländern eingesetzt und sind ein nicht zu unterschätzendes strategisches Kalkül.[137]

3.8 Resümee

U.S. SOF operieren fast immer im Schatten der öffentlichen Aufmerksamkeit. Sie treten nur ins Licht, wenn Operationen gründlich misslingen (z.B. Operation Eagle Claw 1980 – Befreiungsversuch der Teheraner Geiseln[138]) oder Missionen besonders erfolgreich verlaufen (z.B. Operation Neptune's Spear 2011 – Gefangennahme oder Tötung von Osama bin Laden[139]). Ihr Selbstverständnis und Traditionsbewusstsein schöpfen die verschiedenen Einheiten aus der Geschichte, beginnend im frühen 18. Jahrhundert, mit dem Kulminationspunkt des II. Weltkrieges und den folgenden Auseinandersetzungen im Kalten Krieg. Die Bündelung aller SOF unter einem Kommando, mit eigenem Budget und ohne öffentliche Rechenschaftspflicht ermöglicht den USA diese bestreitbare Einsatzoption zu nutzen, um

---

[134] Ebd., S.3-5.

[135] Mazzetti, M. u.a. (2015). „SEAL Team 6: A Secret History of Quiet Killings and Blurred Lines", in New York Times [Online]. World/Asia Pacific vom 06.06.2015. Abgerufen am 22.06.2015, unter: <http://www.nytimes.com/2015/06/07/world/asia/the-secret-history-of-seal-team-6.html>.

[136] Wagner, J. (2013). „Die Rückkehr der Schattenkrieger", in IMI-Studie, Nr.05/2013, vom 05.04.2013, S.5. Abgerufen am 28.05.2015, unter: <http://www.imi-online.de/download/5_2013wagner.pdf>.

[137] USSOCOM [Online]. „Posture Statement of Admiral William H. McRaven, USN Commander, USSOCOM before the 112th Congress, Senate armed Services Committee", vom 06.03.2012. Abgerufen am 28.05.2015, unter: <https://fas.org/irp/congress/2012_hr/030612mcraven.pdf.>.

[138] Sievert, K.-G. (2012). „Überall und jederzeit – US Special Forces im Einsatz", S. 10.

[139] Ebd., S. 145-181.

trotz Änderungen in Kriegs- und Konfliktspektren ihren globalen Führungsanspruch abseits allgemeiner Aufmerksamkeit durchzusetzen. Nach dem Nebenher vieler verschiedener SOF der einzelnen Teilstreitkräfte, ist durch die Zentralisierung im USSOCOM eine einheitliche (Grund-)Ausbildung und (Grund-) Ausrüstung gegeben, um die verschiedenen Einsatzarten möglichst weiträumig abzudecken. Diese hochgerüsteten und spezialisierten Kämpfer werden ständig trainiert und mit neuester Technologie ausgestattet (z.B. Drohnen, Stealth Hubschrauber). Sie sind als ein Mittel der Wahl der USA einzuschätzen, da sie kostengünstig und im Verborgenen agieren.[140]

---

[140] Wagner, J. (2013). „Die Rückkehr der Schattenkrieger", in IMI-Studie, Nr.05/2013, vom 05.04.2013, S.1-3. Abgerufen am 28.05.2015, unter: <http://www.imi-online.de/download/5_2013wagner.pdf>.

4 SOF als Reaktion auf den Formenwandel der Gewalt

Dieser Teil der Arbeit fügt die ersten zwei Abschnitte zusammen. Dazu wird die theoretische Grundlage über den Diskurs zum Formenwandel von Gewalt und ein Beispiel des Einsatzes von U.S. SOF bearbeitet. Um Antworten auf die These zu bekommen, werden zunächst SOF als elitärer Teil der U.S. Streitkräfte mit ihren Gegnern verglichen. Anschließend wird der Einsatz von SOF am Fallbeispiel Afghanistan analysiert werden. Dieses kann als Grundlage für künftige Diskussionen dienen und einen Diskurs zu diesem Thema eröffnen.

4.1 U.S. Special Operations Forces vs Opponent Forces

U.S. SOF können als der Gegenentwurf zu Kämpfern von terroristischen Vereinigungen gesehen werden. Sie dienen einerseits dem politischen Interesse eines demokratischen Landes und dessen Verbündeten und sind ein wichtiger Bestandteil für die Aufrechterhaltung der westlich orientierten Staatenwelt. Des Weiteren unterstützen sie befreundete Staaten im Aufbau und der Festigung ihrer Sicherheitsarchitektur und bekämpfen feindliche und terroristische Kräfte, die die bestehende Ordnung bedrohen.[141] SOF genießen einen elitären Status innerhalb der Streitkräfte und der amerikanischen Gesellschaft. Ihre Grundsätze und ihr Selbstverständnis werden von den Einheiten verinnerlicht und gelebt.[142] Zudem werden sie von der Staatsführung getragen und unterstützt und gelten als ein Symbol für die Überlegenheit des U.S. Militärs. SOF nutzen irreguläre und asymmetrische Kriegführung ihrer Gegner, passen diese an und entwickeln diese weiter, um die eigene Überlegenheit auszunutzen und die eigenen Kosten möglichst gering zu halten. Dabei führen sie ihre Missionen weitgehend verborgen von der Öffentlichkeit durch.[143] Sie üben außerdem einen immensen psychologischen Effekt auf mögliche Gegner aus, was unter anderem durch ihre operativen Erfolge, die hohe Technisierung und auch durch psychologische Komponenten, wie Hollywood Filme (z.B. American Sniper, Lone Survivor), gefördert wird.

---

[141] USSOCOM [Online]. „Mission/Vision/Priorities of U.S. Special Operations Command". Abgerufen am 04.06.2015, unter: <http://www.socom.mil/Pages/Mission.aspx>.

[142] Royl, W. (2004). „Moral und nicht-konventionelle Kriegführung", in in Josef Schröfl, Thomas Pankratz (Hrsg.). „Asymmetrische Kriegführung – ein neues Phänomen der internationalen Politik?, S.36-337.

[143] Martin, G. (2014). „Zero dark squared: Does the US benefit from more Special Operations Forces?", in International Journal, Vol.69 (3), S.413-414.

Andererseits weisen diese U.S. SOF auch Parallelen zu den Kräften auf, die sie bekämpfen. Angehörige von terroristischen Vereinigungen kämpfen genauso für ein politisches Ziel. Ob dies nun vordergründig zum Machterwerb oder zur wirtschaftlichen Bereicherung dient, sei dahingestellt. Kämpfer solcher, als Feind der USA eingestuften Kräfte, sind in gewisser Hinsicht auch spezialisiert. So unterstützen sich beispielsweise ausländische Kämpfer in Afghanistan gegenseitig, indem sie sich ausbilden und auch miteinander kämpfen.[144] Dabei genießen bestimmten Gruppierungen auch einen elitären Status, der vor allem durch gelungene Angriffe auf westliche Truppen oder verhasste Regime, wie auch durch Opferbereitschaft medial und psychologisch aufgebaut wird.[145] Ihre irreguläre und asymmetrische Kriegführung ist anpassungsfähig und vor allem darauf ausgerichtet den Gegner möglichst hart zu treffen. Auch sie üben einen enormen psychologischen Druck aus, sowohl auf die westlichen Staaten, wie auch auf ihre Umwelt, in der sie sich bewegen. Die Technisierung mag nicht so hoch sein, jedoch nutzen diese Feindkräfte westliche Technologie im Rahmen ihrer Möglichkeiten. Defizite werden durch Fanatismus und Indoktrination wett gemacht.[146]

SOF wirken als das Äquivalent zu terroristischen Kräften, die sich ihrerseits spezialisiert haben und versuchen den Gegner möglichst spektakulär zu treffen. Der Einsatzspielraum von SOF erlaubt es den USA ihre Spezialkräfte ständig weiterzuentwickeln, vor allem durch die Erfahrungen ihrer weltweiten Einsätze und die Anpassung an gegnerische Verhaltensweisen. SOF nutzen ebenso die verschiedenen Formen von Gewaltkonflikten, um ihre Ziele zu erreichen. Damit ist ein weltweiter Kampf entbrannt, der vor allem im Schatten der Öffentlichkeit geführt wird und nur dann zu Tage tritt, wenn besondere Erfolge oder Misserfolge zu verzeichnen sind. SOF können als eine Speerspitze der U.S. Militärstrategie gesehen

---

[144] Ashraf, A. (2014). „Foreign fighters: Foreign to whom?", in Aljazeera [Online]. Opinion section vom 27.10.2014. Abgerufen am 04.06.2015, unter: <http://www.aljazeera.com/indepth/opinion/2014/10/foreign-fighters-foreign-whom-201410268380651831.html>.

[145] Cottee, S. (2015). „Why It's So Hard to Stop ISIS Propaganda", in The Atlantic [Online]. Home/Global vom 02.03.2015. Abgerufen am 04.06.2015, unter: <http://www.theatlantic.com/international/archive/2015/03/why-its-so-hard-to-stop-isis-propaganda/386216/>.

[146] Kaplan, E. (2009). „Terrorists and the Internet", in Council on Foreign Relations [Online]. Home/Terrorism and Technology/Terrorists and the Internet vom 08.01.2009. Abgerufen am 04.06.2015, unter: <http://www.cfr.org/terrorism-and-technology/terrorists-internet/p10005>.

werden. Die folgenden Fallstudien werden einen Einblick in die Praxis der USA geben, wie SOF innerhalb unkonventioneller Kriegführung und Aufstandsbekämpfung eingesetzt wurden.

4.2 Fallbeispiel Unkonventionelle Kriegführung: Afghanistan (2001)

Unkonventionelle Kriegführung als einen Ausdruck irregulärer Konflikt- und Gewaltformen konnte man besonders in der Reaktion der USA nach den Terroranschlägen auf das World Trade Center und das Pentagon am 11. September 2001 beobachten. Im Zuge der Weigerung der afghanischen Talibanregierung, die für die Angriffe Verantwortlichen auszuliefern, begannen die USA mit der Operation *Enduring Freedom* am 07. Oktober 2001. Bereits am 26. September 2001 wurden die Voraussetzungen für die kommenden Angriffe durch eine Spezialeinheit der CIA geschaffen. Das Team mit dem Codenamen *Jawbreaker* nahm Verbindung zu Kommandeuren der Nordallianz auf, sammelte Informationen, koordinierte gemeinsame Einsätze, stellte eine Satellitenverbindung her und bezahlte mit $3 Millionen Dollar in cash die neuen Verbündeten.[147] Nach der erfolgreichen Luftkampagne, die am 06. Oktober 2001 begann, infiltrierten die ersten militärischen SOF in der Nacht vom 19. auf 20. Oktober 2001 an mehreren Stellen Afghanistan. Die abgestellten SOF von USSOCOM, die General Tommy Franks in einer *Combined Joint Special Operations Task Force* unterstellt waren, setzten sich aus verschiedenen Einheiten zusammen. Die *Task Force Dagger* wurde im Norden Afghanistans eingesetzt und bestand vor allem aus Soldaten des 160th Special Operations Aviation Regiment der U.S. Air Force. Sie berieten und unterstützten Warlords der Nordallianz, wie den usbekischen General Dostum oder General Daoud Kahn, die daraufhin mit ihren Truppen Mazar-e-Sharif und Kunduz eroberten.[148] *Task Force K-Bar* wurde mit Schwerpunkt im Süden des Landes aktiv. Die Hauptkräfte waren Soldaten der Navy SEALs, die später durch alliierte Kommandoeinheiten, z.B. aus Norwegen, Deutschland, Dänemark oder auch Neuseeland verstärkt wurden. Vor allem zur Aufklärung, Überwachung, dem Markieren von Zielen, aber auch zum direkten Kampf vor allem im Bereich Kandahar kam dieses Kommando zum Einsatz. Die *Task Force Sword / Task Force 11* war mit Spezialisten der 1st Special Forces Operational Detachment-Delta und Ranger Security Teams der Army,

---

147 McNab, C. (2013). „America's Elite", S.295.
148 Neville, L. (2008). „Special Operations Forces in Afghanistan", S.14-17.

Agenten der NSA und der CIA, sowie mit der U.S. Naval Special Warfare Development Group aufgefüllt. Deren Aufgabe war die aktive Terrorbekämpfung durch *Capture or Kill*-Missionen gegen Führungskräfte der Taliban und von Al Qaeda, sowie Geiselbefreiung und Spezialaufklärung.[149] Alle drei Task Forces wurden durch weitere SOF Elemente mit individuellen Fähigkeiten unterstützt, wie für Infiltration und Exfiltration aus dem Einsatzgebiet, psychologische Kriegführung, Civil Affairs Teams, Sicherungsaufgaben oder auch mit Spezialisten für die Koordination zwischen den U.S. Truppen und alliierten afghanischen Kräften. Auch der künftige afghanische Präsident Karzai wurde unter dem Schutz von U.S. SOF nach Afghanistan gebracht und dort auf seinem Weg nach Kabul geschützt. Die Zahl der eingesetzten SOF in der ersten Phase des Krieges in Afghanistan beläuft sich auf mehrere hundert Soldaten, die von etwa einhundert CIA Agenten unterstützt wurden. An der Seite von Warlords vertrieben sie die Taliban, eroberten strategisch wichtige Städte wie Kabul, Mazar-e-Sharif, Kunduz und Kandahar und verfolgten Al Qaeda Terroristen über die Bergfestung Tora Bora bis nach Pakistan.[150]

4.3 Fallbeispiel COIN: Afghanistan (2003+)

Ab 2003 übernahm die NATO den Oberbefehl über die ISAF Truppen in Afghanistan und erhielt auch das UN Mandat über die Ausweitung des Einsatzraumes auf das gesamte afghanische Gebiet.[151] Bis 2006 expandierte ISAF in alle Regionen und etablierte Provincial Reconstruction Teams, die den infrastrukturellen Wiederaufbau des Landes unter militärischem Schutz organisierten.[152] Jedoch mit zunehmendem Widerstand seitens Taliban Gruppierungen, unter anderem um Mullah Omar, musste sich auch die Strategie der alliierten Kräfte ändern. Hinzu kam der Einmarsch in den Irak 2003, der grundsätzliche Schwächen in U.S. amerikanischer Aufstandsbekämpfung offenbarte. So wurde im Oktober 2004 eine erste, vorläufige Vorschrift der U.S. Army erlassen, die FMI 3-07.22 *Counterinsurgency Operations.* Diese war eine Aktualisierung einer Vorschrift von 1986 und

---

[149] Ebd., S.6-11.

[150] McNab, C. (2013). „America's Elite", S.306-312.

[151] NATO (2014). „Afghanistan Timeline", in Returntohope.com [Online]. Abgerufen am 24.06.2015, unter: <http://www.returntohope.com/timeline#1973-july>.

[152] NATO (2007). „PRTs in Afghanistan – ihre Entstehungsgeschichte und ihr weiterer Weg", in NATO Brief [Online]. Abgerufen am 24.06.2015, unter: <http://www.nato.int/docu/review/2007/issue3/german/art2.html>.

war für die strategische Planungsebene gedacht.[153] Die Anpassung ging aber nur schleppend voran, was auch das Nebeneinander von ISAF und der U.S. geführten Anti-Terror-Operation *Enduring Freedom* (OEF) belastete, da ISAF in erster Linie Counterinsugency betrieb und OEF Counterterrorism.[154] Einsätze von SOF im Rahmen von ISAF wurden von den jeweiligen Regionalkommandos meist in Eigenregie organisiert und waren den militärisch Verantwortlichen bekannt, wohingegen es Missionen von OEF aber nicht waren. Die Vorgehensweisen der unterschiedlich eingesetzten SOF Einheiten, die mit ihrem gesamten Arsenal an Technologie und Waffen Jagd auf Taliban und Al Qaeda machten und dabei teils massive Kollateralschäden anrichteten, erhöhte den Widerstand in der Bevölkerung.[155] Erst 2006 erschien eine angepasste Vorschrift FM 3-24 Counterinsurgency, die zwischen Militär und Wissenschaftlern diskutiert und verbessert wurde. Waren die Missionen von SOF bis dahin ohne exakte Vorgaben wurde ihr Einsatz nun relativ festgelegt: „civil affairs, psychological operations, intelligence, language skills, region-specific knowledge."[156] Aufklärung, Ausbildung und Beratung wurden zu Hauptaufgaben von SOF in Afghanistan, um vor allem die einheimischen Spezialkräfte auszubilden und anleitend in Einsätzen zu begleiten.[157] Dennoch wurden SOF auch noch für komplexe Anti-Terror-Operationen eingeplant und genutzt, wenn es um hochrangige Ziele ging (Capture or Kill-Missionen). Dabei hielten sich beispielsweise Soldaten von SEAL Team Six nicht an Einsatzregeln von ISAF, sondern an ihre eigenen, die wenig transparent und zumeist unangepasst und tödlich waren. So hinterließen nächtliche Einsätze zu oft zivile Opfer nach teils exzessiven Gewaltanwendungen und daraus folgend auch eine Atmosphäre der Ablehnung, die in Angriffen auf reguläre Truppen mündete.[158]

---

153 Ucko, D.H. (2009). „The New Counterinsurgency Era", S.66-67.

154 Kilcullen, D. (2010). „Counterinsurgency", S.188.

155 Mazzetti, M. u.a. (2015). „SEAL Team 6: A Secret History of Quiet Killings and Blurred Lines", in New York Times [Online]. World/Asia Pacific vom 06.06.2015. Abgerufen am 22.06.2015, unter: <http://www.nytimes.com/2015/06/07/world/asia/the-secret-history-of-seal-team-6.html>.

156 U.S. Army/US Marine Corps (2006). „Counterinsurgency FM 3-24", S.2-5 (S.47).

157 Ucko, D.H. (2009). „The New Counterinsurgency Era", S.174.

158 Mazzetti, M. u.a. (2015). „SEAL Team 6: A Secret History of Quiet Killings and Blurred Lines", in New York Times [Online]. World/Asia Pacific vom 06.06.2015. Abgerufen am 22.06.2015, unter: <http://www.nytimes.com/2015/06/07/world/asia/the-secret-history-of-seal-team-6.html>.

Mit der Ernennung General McChrystals 2009 zum Oberkommandierenden von ISAF, wurde der direkte Kampfeinsatz von SOF eingeschränkt. In einer *ISAF Commander's Counterinsurgency Guidance* vermittelte er seinen Truppen das sich entwickelte COIN Konzept, u.a. durch den Untertitel „Protecting the people ist the mission. The conflict will be won by persuading the population, not by destroying the enemy."[159] Neue und verschärfte Einsatzbeschränkungen auch bei Spezialoperationen sollten zivile Opfer möglichst niedrig halten. Das geschah zum Beispiel vor allem durch einen eingeschränkteren Einsatz von Luftunterstützung, oder durch *call outs* von möglicherweise feindbesetzten Anlagen, um vermutlichen Gegnern die Möglichkeit des Aufgebens zu geben, ohne diese sofort zu töten und so mögliche Fehler gering zu halten.[160] McChrystals Umsetzung von Petraeus COIN Vorschrift fand ausreichend Anwendung in der Operation *Moshtarak*, die vom Februar bis Dezember 2010 in der Provinz Helmand durchgeführt wurde. Die 3rd Special Forces Group der U.S. Army unterstützte dabei erfolgreich die Einheiten der U.S. Marines, sowie der britischen und afghanischen Streitkräfte.[161]

Nachdem General McChrystal auf Grund einer Affäre um einen Zeitungsartikel nach nur einem Jahr abgelöst wurde, übernahm General Petraeus das Oberkommando. Die Zurückhaltung McChrystals gegenüber dem unverhältnismäßigen Einsatz von SOF gab Petraeus auf und weitete stattdessen die *Capture or Kill*-Missionen der SOF Landesweit aus. Erfolge waren sichtbar, wie die Gefangennahme oder auch die Tötung von Taliban der mittleren und unteren Führungsebene oder auch die Wiederherstellung von Sicherheit in umkämpften Gebieten, wobei sich aber auch wieder die Zahl der zivilen Opfer erhöhte.[162]

---

[159] McChrystal, S. (2009). „ISAF Commander's Counterinsurgency Guidance", in NATO [Online]. S.1, Abgerufen am 22.06.2015, unter: <http://www.nato.int/isaf/docu/official_texts/counterinsurgency_guidance.pdf>.

[160] Mazzetti, M. u.a. (2015). „SEAL Team 6: A Secret History of Quiet Killings and Blurred Lines", in New York Times [Online]. World/Asia Pacific vom 06.06.2015. Abgerufen am 22.06.2015, unter: <http://www.nytimes.com/2015/06/07/world/asia/the-secret-history-of-seal-team-6.html>.

[161] Kaplan, F. (2013). „The Insurgents", S. 329-330; van Ess, B. (2010). „ The Fight for Marjah: Recent Counterinsurgency Operations in Southern Afghanistan", in Small Wars Journal, S.8-10; 15, vom 30.09.2010. Abgerufen am 22.06.2015, unter: <http://www.google.de/url?sa=t&rct=j&q=&esrc=s&source=web&cd=7&ved=0CFIQFjAG&url=http%3A%2F%2Fsmallwarsjournal.com%2Fblog%2Fjournal%2Fdocs-temp%2F563-vaness.pdf&ei=YQeIVbbXIIubsgGMmYPYCQ&usg=AFQjCNHLHGtcB-x1Uu1b_VSNxB0YGyMtFA>.

[162] Kaplan, F. (2013). „The Insurgents", S. 344-345.

4.4 Resümee

Die erste Phase vor dem Einmarsch mit regulären Truppen in Afghanistan ist ein gutes Beispiel für die Nutzung von SOF für unkonventionelle Kriegführung. Der Einsatz von SOF zur Unterstützung und Anwerbung von aufständischen Kräften mit dem Ziel, die Talibanregierung zu stürzen, hat hier exemplarisch funktioniert. Die verschiedenen Einheiten der Task Forces, mit ihren individuellen und auch speziellen Aufträgen, beteiligten sich aktiv am Kampf und unterstützten zudem die Nordallianz mit gelenkten Luftschlägen. Somit wurden durch die Zusammenarbeit mit einheimischen, alliierten Kräften und einem relativ geringen Kräfteansatz (verglichen mit regulären U.S. Angriffstruppen) die Voraussetzung für die kommenden Folgeoperationen geschaffen.[163] Der Einsatz von SOF im Rahmen von Aufstandsbekämpfung umfasste eine Reihe ihrer Kernaufträge, die je nach Auftrag, Einsatzort und Bedrohungslage miteinander kombiniert wurden. In Afghanistan jagten SOF sowohl Taliban als auch Al Qaeda Angehörige, aber sie bildeten auch afghanische Einheiten aus oder sammelten Informationen. In einem solchen irregulären Gewaltkonflikt, der Formen unkonventioneller Art und Aufstandsbekämpfung beinhaltet, spielten die U.S. SOF eine entscheidende Rolle, sowohl in Abschwächung, wie auch in Anheizung des Konflikts. Die verschiedenen Arten eines Formenwandels von Gewaltkonflikten waren in Afghanistan besonders gut zu beobachten, wie auch die Reaktionen der USA und der Einsatz von SOF zur Erreichung ihrer Ziele.[164]

---

[163] McNab, C. (2013). „America's Elite", S.292-320.

[164] Mazzetti, M. u.a. (2015). „SEAL Team 6: A Secret History of Quiet Killings and Blurred Lines", in New York Times [Online]. World/Asia Pacific vom 06.06.2015. Abgerufen am 22.06.2015, unter: <http://www.nytimes.com/2015/06/07/world/asia/the-secret-history-of-seal-team-6.html>; Wagner, J. (2013). „Die Rückkehr der Schattenkrieger", in IMI-Studie, Nr.05/2013, vom 05.04.2013. Abgerufen am 28.05.2015, unter: <http://www.imi-online.de/download/5_2013wagner.pdf>. USSOCOM [Online]. „Fact Book 2014". Abgerufen am 01.06.2015, unter:
<http://www.socom.mil/News/Documents/USSOCOM_Fact_Book_2014.pdf>.

5 Zusammenfassung

Ein stetiger Formenwandel der Gewaltkonflikte hat die Entwicklung der Menschheit seit jeher konstant begleitet. In der heutigen Zeit ist dies wieder zu beobachten. Es stehen sich gegenwärtig vermehrt staatliche und nichtstaatliche Akteure gegenüber, die sowohl von den technologischen Errungenschaften einer globalisierten Welt profitieren, wie auch erfolgreiche Konzepte von Kriegführung der Vergangenheit aufgreifen, anpassen und weiterentwickeln, um Vorteile gegenüber ihren Gegnern zu erringen. Ziel dieser Arbeit war folgende Untersuchung:

> Ein stetiger Formenwandel von Gewalt führt zu einer Änderung im Kriegsbild in Konflikten, welcher das Verhalten aller Beteiligten beeinflusst.

> U.S. Spezialeinheiten sind sowohl Ausdrucks-, als auch Umgangsform eines solchen Formenwandels von Gewalt.

> Für die USA sind SOF ein wichtiges und unerlässliches Mittel vor dem Hintergrund sich wandelnder Bedrohungsspektren.

Dabei wurde die akademische Seite des Formenwandels von Gewaltkonflikten untersucht und eingegrenzt, um eine gewisse Ordnung in die Vielfalt der Begrifflichkeiten zu bringen. Das Fallbeispiel der SOF schaffte einen Einblick in deren Geschichte und Hintergründe und verdeutlichte die Bedeutung dieses Instruments der USA in ihrem globalen Kampf gegen ihre Feinde durch das Beispiel ihres Einsatzes in Afghanistan.

Ein stetiger Formenwandel von Gewalt und von Konflikten ist ein Teil der menschlichen Geschichte. Theoretiker und Historiker beschäftigen sich intensiv mit vergangenem und Gegenwärtigen, um Ereignisse einzuordnen und Verläufe zu erklären. Aber auch die Politik hat ein großes Interesse an diesen Einschätzungen, vor allem wenn es um aktuelle Entwicklungen geht, die Begrifflich verortet werden müssen. Ziel des ersten Kapitels dieser Arbeit war es, einen Überblick über den aktuellen Forschungsstand zu geben, der politisch und akademisch von Bedeutung ist. Um eine gewisse Ordnung zu schaffen, bildete die Irreguläre Kriegführung den Oberbegriff für die Kategorisierung der Art der Kriegführung. Die teils synonym gebrauchten und sich überschneidenden Konzepte von asymmetrischen Konflikten, Neuen Kriegen und Kleinen Kriegen dienten der näheren Beschreibung von irregulärer Kriegführung und als Überblick über ein weites und teils ungeordnetes Feld in diesem akademisch-politischen Diskurs. Typen irregulärer Kriegführung, die in politisch-militärischen Strategien und Papieren eine immer größere Rolle spielen und als Grundlage für den Einsatz von SOF anzusehen sind, wurden als unkonventionelle Kriegführung, Aufstandsbekämpfung und hybride Kriegführung eingeordnet. Gerade diese verschiedenen Formen, die im Wandel von Gewalt zu einer Änderung im Kriegsbild führen, beeinflussen das Verhalten der Beteiligten. Die Erkenntnis dieses Abschnitts liegt darin, dass die Vielzahl dieser Definitionen den teils unübersichtlichen Rahmen zeigen, in dem ein Formenwandel von Gewalt seine gesamte Bandbreite ausschöpft. Begrifflichkeiten werden je nach Kontext eines Konfliktes genutzt und dienen der Erklärung und Rechtfertigung der eigenen Politik.

Für die USA sind SOF eines der wichtigsten Instrumente im Rahmen des Formenwandels von Gewalt, mit dem sie sich seit ihrer Gründung auseinandersetzen. Angepasst an die verschiedenen politischen und militärischen Umstände der letzten 250 Jahre waren Spezialeinheiten immer ein wichtiger Bestandteil von U.S. Militärpolitik, die mit dem Kalten Krieg immer mehr an Bedeutung gewannen und schließlich im Kampf gegen den Terrorismus eine zentrale Rolle einnehmen. Das Selbstverständnis, welches diese Soldaten aus ihrer Geschichte schöpfen ist ebenso wichtig, wie die harte und fordernde Ausbildung, die sie zu einer Elite innerhalb der U.S. Streitkräfte machen. SOF werden vom USSOCOM gesteuert, mit ihrem eigenen Budget ausgestattet und sind dem Präsidenten rechenschaftspflichtig. Die Kernaufträge des USSOCOM decken die gesamte Bandbreite der Einsatzmöglichkeiten von SOF ab, welche derzeit in über 80 Ländern im Einsatz sind und seit 2001 kontinuierlich aufgestockt wurden. Sie agieren überwiegend im Verborgenen, sind hochtrainiert und kostengünstig, da ihre Einsätze meist nicht offen gelegt werden und sie so nicht in der öffentlichen Wahrnehmung auftreten. SOF stehen auch symbolhaft für die RMA, die vor allem durch Entwicklungen in der Militärtechnologie profitieren, aber auch für eine undurchsichtige und intransparente Politik eines, teils ungehemmten weltweiten Einsatzes ohne zivile Kontrolle mit einem hohen Geheimhaltungsgrad. Diese vielen Punkte machen die U.S. Schattenkrieger so unberechenbar und angesehen, dass sie als eines der wichtigsten Instrumente innerhalb des Formenwandels von Gewalt einzuschätzen sind.

Der Einsatz von U.S. SOF in Afghanistan zeigt beispielhaft, welchen Stellenwert Spezialkräfte in den verschiedenen Einsatzspektren der Kriegstypen des Formenwandels von Gewalt haben. Ihre Unterstützung der Nordallianz und eigenständige Operationen bei der Vorbereitung der Bodenoffensive in Afghanistan 2001 zeigten eindrucksvoll das Potential und auch die psychologische Wirkung, die die SOF gegenüber ihren Gegnern mobilisieren können. Der erfolgreiche Einsatz im Rahmen der unkonventionellen Kriegführung machte die Möglichkeiten deutlich, die die Kombination von SOF, Technologie und Proxykräften in der ersten Phase eines solchen Szenarios haben. In der anschließenden Phase der Aufstandsbekämpfung wurde die ganze Bandbreite der Einsatzmöglichkeiten von SOF deutlich, aber auch ihr exzessiver und teils ungehemmter Einsatz gegen den Feind. Eine Anpassung an die sich verändernden Umstände war ein wichtiger und notwendiger Schritt, die auch die Gefahren eines ausufernden Einsatzes von SOF gezeigt haben. Spezialeinheiten agierten als punktuell einsetzbare Kräfte im Zuge ihrer Kernaufträge und gingen gezielt gegen Bedrohungen vor, unterstützten eigene Truppen und bildeten alliierte Kräfte aus. Gerade diese unterschiedlichen Bedrohungsspektren machten SOF so vielseitig einsetzbar und für die USA zu einem wichtigen und unerlässlichen Mittel, was deren Aufstockung nur umso mehr untermauert.

SOF können als ein Ausdruck eines Formenwandels von Gewalt angesehen werden, den sie einerseits charakterisieren und andererseits prägen. Die USA nutzen ihre Vielzahl an Spezialeinheiten, um ihre Interessen durchzusetzen und um militärische und terroristische Bedrohungen möglichst wirksam und ohne große mediale Aufmerksamkeit zu bekämpfen. Die Senkung von Kosten zum Preis einer schwer zu kontrollierenden Teilstreitkraft, die vermehrt im Schatten der Öffentlichkeit agiert, scheint für die USA vertretbar und eine der adäquaten Antworten auf die Bedrohungen unserer heutigen Zeit zu sein. Vermehrte wissenschaftliche Forschungen zum Einsatz von SOF wären hilfreich, um das gesamte Spektrum ihres Anteils am Formenwandel von Gewalt zu beleuchten und einzuschätzen zu können.

Quellen- und Literaturverzeichnis

Ashraf, A. (2014). „Foreign fighters: Foreign to whom?", in Aljazeera [Online]. Opinion section vom 27.10.2014. Abgerufen am 04.06.2015, unter: <http://www.aljazeera.com/indepth/opinion/2014/10/foreign-fighters-foreign-whom-201410268380651831.html>.

Bauer, T. (2008). „Sun Tzu und die asymmetrische Kriegsführung von heute", in Sebastian Buciak (Hrsg.) „Asymmetrische Konflikte im Spiegel der Zeit", S.101-112 (Berlin: Verlag Dr. Köster).

Bush, G.W. (2001). „Address to a Joint Session of Congress and the American People", in The White House [Online]. Home/News & Policies/September 2001 vom 20.09.2001. Abgerufen am 29.05.2015, unter: <http://georgewbush-whitehouse.archives.gov/news/releases/2001/09/20010920-8.html>.

Cottee, S. (2015). „Why It's So Hard to Stop ISIS Propaganda", in The Atlantic [Online]. Home/Global vom 02.03.2015. Abgerufen am 04.06.2015, unter: <http://www.theatlantic.com/international/archive/2015/03/why-its-so-hard-to-stop-isis-propaganda/386216/>.

Daase, C. (2006). „Die Theorie des Kleinen Krieges revisited", in Anna Geis (Hrsg.). „Den Krieg überdenken", S.151-163 (Baden-Baden: Nomos Verlag).

Duden [Online]. „Regularität". Abgerufen am 15.05.2015, unter: <http://www.duden.de/rechtschreibung/Regularitaet>.

Ehrhart, H.G. und Kaestner, R. (2012). „US/NATO Counterinsurgency in Afghanistan: Evaluating Concepts and Practices", in H.G. Ehrhart, S.B. Gareis, C. Pentland (Hrsg.). „Afghanistan in the Balance", S. 13-35 (Kingston: McGill-Queen's University Press).

Ehrhart, H.G. (2015). „Hybride Kriege", in IPG-Journal [Online]. Startseite/Schwerpunkt des Monats/Neue High-Tech-Kriege vom 02.03.2015. Abgerufen am 29.04.2015, unter: <http://www.ipg-journal.de/schwerpunkt-des-monats/neue-high-tech-kriege/artikel/detail/hybride-kriege-818/>.

Ehrhart, H.G. (2014). „Russlands unkonventioneller Krieg in der Ukraine: Zum Wandel kollektiver Gewalt", in APuZ47-48/2014, S.26-32 (Bonn: bpb).

Feichtinger, W. (2004). „Differenzierung von Asymmetrie im Kontext bewaffneter konflikte", in in Josef Schröfl, Thomas Pankratz (Hrsg.). „Asymmetrische Kriegführung – ein neues Phänomen der internationalen Politik?, S.117-120 (Baden-Baden: Nomos Verlag).

Freudenberg, D. (2010). „Irreguläre Kräfte und der Interssierte Dritte im modernen Kleinkrieg", in Thomas Jäger (Hrsg.). „Die Komplexität der Kriege", S.179-187 (Wiesbaden: VS Verlag).

Freudenberg, D. (2008). „Theorie des Irregulären" (Wiesbaden: VS Verlag).

Geis, A. (2006). „Den krieg überdenken. Kriegsbegriffe und Kriegstheorien in der Kontroverse", in Anna Geis (Hrsg.). „Den Krieg überdenken", S.9-43 (Baden-Baden: Nomos Verlag).

Hahlweg, W. (1966). „Carl von Clausewitz - Schriften, Aufsätze, Studien, Briefe" (Göttingen : Vandenhoeck & Ruprecht).

Hansel, M. (2011). „Eine revolution in Military Affairs? – Visionäre und Skeptiker", in Jäger, T., Beckmann, R. (Hrsg.). „Handbuch Kriegstheorien", S.298-309 (Wiesbaden: VS Verlag).

Hoch, M. (2002). „Krieg und Politik im 21.Jahrhundert", in bpb [Online], vom 26.05.2002. Abgerufen am 22.06.2015, unter: <http://www.bpb.de/apuz/26279/krieg-und-politik-im-21-jahrhundert?p=all#fr-footnodeid10>.

Hoffman, F.G. (2009). „Hybrid Warfare and Challenges", in Joint Force Quarterly [Online]. Issue 52, 1st quarter 2009, S.34-39. Abgerufen am 19.02.2015, unter: <http://smallwarsjournal.com/documents/jfqhoffman.pdf>.

Helbig, Robert (2014). „Wie wir in Zukunft Krieg führen", in Handelsblatt [Online] vom 07.08.2014. Abgerufen am 29.04.2015, unter: <http://www.handelsblatt.com/meinung/gastbeitraege/gastkommentar-wie-wir-in-zukunft-krieg-fuehren/10293608.html>.

Herberg-Rothe, A. (2003). „Der Krieg – Geschichte und Gegenwart" (Frankfurt am Main: Campus Verlag).

Hippler, J. (2011). „Counterinsurgency – Theorien unkonventioneller Kriegführung: Callwell, Thompson, Smith und das US Army Field Manual 3-24", in Jäger, T., Beckmann, R. (Hrsg.). „Handbuch Kriegstheorien", S.256-283 (Wiesbaden: VS Verlag).

Kaldor, M. (2000). „Neue und alte Kriege" (Frankfurt am Main: Suhrkamp verlag).

Kaplan, E. (2009). „Terrorists and the Internet", in Council on Foreign Relations
[Online]. Home/Terrorism and Technology/Terrorists and the Internet
vom 08.01.2009. Abgerufen am 04.06.2015, unter:
<http://www.cfr.org/terrorism-and-technology/terrorists-
internet/p10005>.

Kaplan, F. (2013). „The Insurgents" (New York: Simon & Schuster).

Kilcullen, D. (2010). „Counterinsurgency" (New York: Oxford University Press).

Küpeli, I. (2007). „Einige Anmerkungen zu Kriegslegitimationen des 21. Jahrhunderts", in Ismail Küpeli (Hrsg.). „Europas neue Kriege", V.37, S.7-26
(Moers: Verlag Syndikat-A).

Lambach, D. (2014). „Das veränderte Gesicht innerstaatlicher Konflikte", in bpb
[Online]. Internationales/Weltweit/Innerstaatliche Konflik-
te/Internationale Politik/Veränderte Konflikte vom 03.02.2014. Abgerufen am 23.04.2015, unter:
<http://www.bpb.de/themen/GMQL0X,0,Das_ver%E4nderte_Gesicht_inn
erstaatli-
cher_Konflikte:_Neue_Kriege_Gewalt%F6konomien_und_Terrorismus_.ht
ml>.

Major, C., Mölling, C. (2015). „Eine hybride Sicherheitspolitik für Europa", in
SWP-Aktuell 31, April 2015, S.1-4 (Berlin: SWP).

Martin, G. (2014). „Zero dark squared: Does the US benefit from more Special
Operations Forces?", in International Journal, Vol.69 (3), S.413-421.

Mazzetti, M. u.a. (2015). „SEAL Team 6: A Secret History of Quiet Killings and
Blurred Lines", in New York Times [Online]. World/Asia Pacific vom
06.06.2015. Abgerufen am 22.06.2015, unter:
<http://www.nytimes.com/2015/06/07/world/asia/the-secret-history-
of-seal-team-6.html>.

McChrystal, S. (2009). „ISAF Commander's Counterinsurgency Guidance", in
NATO [Online]. Abgerufen am 22.06.2015, unter:
<http://www.nato.int/isaf/docu/official_texts/counterinsurgency_guidan
ce.pdf>.

McCulloh, T.; Johnson, R. (2013). „Hybrid Warfare", in Joint Special Operations University Report 13-4, August 2013. Abgerufen am 29.04.2015, unter: <http://jsou.socom.mil/JSOU%20Publications/JSOU%2013-4_McCulloh,Johnson_Hybrid%20Warfare_final.pdf>.

McNab, C. (2013). „America's Elite" (Oxford: Osprey).

Military.com [Online]. „Navy SEAL Training". Joint the military/Special Operations. Abgerufen am 02.05.2015, unter: <http://www.military.com/special-operations/training-to-be-a-navy-seal.html>.

Müller, H.; Schörning, N. (2002). „Mit Kant in den Krieg?", in Die Friedens-Warte, Band 77, Heft 4, S.353-374 (Berlin: BWV).

Münkler, H. (2002). „Die neuen Kriege" (Hamburg: Rowohlt Verlag).

Münkler, H. (2004). „Die neuen Kriege", in Der Bürger im Staat, 54.Jahrgang, Heft 4, S.179-184 (Stuttgart: Landeszentrale für politische Bildung).

Münkler, H. (2004). „Wandel der Weltordnung durch asymmetrische Kriege", in Josef Schröfl, Thomas Pankratz (Hrsg.). „Asymmetrische Kriegführung – ein neues Phänomen der internationalen Politik?, S.85-93 (Baden-Baden: Nomos Verlag).

Münkler, H. (2006). „Was ist neu an den neuen Kriegen? – Eine Erwiderung auf die Kritiker", in Anna Geis (Hrsg.). „Den Krieg überdenken", S.133-150 (Baden-Baden: Nomos Verlag).

Nass, M. (2015). „Das neue Gesicht des Krieges", in Die ZEIT [Online]. Politik/Ausland/NATO vom 12.03.2015. Abgerufen am 29.04.2015, unter: <http://www.zeit.de/2015/11/nato-ukraine-krieg-russland>.

NATO (2014). „Afghanistan Timeline", in Returntohope.com [Online]. Abgerufen am 24.06.2015, unter: <http://www.returntohope.com/timeline#1973-july>.

NATO (2007). „PRTs in Afghanistan – ihre Entstehungsgeschichte und ihr weiterer Weg", in NATO Brief [Online]. Abgerufen am 24.06.2015, unter: <http://www.nato.int/docu/review/2007/issue3/german/art2.html>.

Neville, L. (2008). „Special Operations Forces in Afghanistan" (Oxford: Osprey).

Obama, B. (2012). „Sustaining U.S. Global Leadership: Priorities for 21st Century Defense", in The White House [Online]. Abgerufen am 22.06.2015, unter: <http://www.defense.gov/news/Defense_Strategic_Guidance.pdf>.

Phillips, D. L. (1997). „The Jessie Scouts", in Jessie Scouts – An Overview [Online]. Abgerufen am 23.05.2015, unter: <http://www.jessiescouts.com/JS_Overview.html>.

Pillalamarri, A. (2015). „Assessing US Military Power", in The Diplomat [Online], vom 07.03.2015. Abgerufen am 06.07.2015, unter: <http://thediplomat.com/2015/03/assessing-us-military-power/>.

Rauch, A.M. (2015). „Anfänge der asymmetrischen Kriegsführung", in if – Zeitschrift für Innere Führung, Nr.1 / 2015, S.38-44.

Royl, W. (2004). „Moral und nicht-konventionelle Kriegführung", in Josef Schröfl, Thomas Pankratz (Hrsg.). „Asymmetrische Kriegführung – ein neues Phänomen der internationalen Politik?, S.329-344. (Baden-Baden: Nomos Verlag).

Rudolf, P. (2011). „Zivil-militärische Aufstandsbekämpfung", in SWP Studie, S2, Januar 2011, S.1-20 (Berlin: SWP).

Schmidl, E.A. (2004). „Asymmetrische Kriege – alter Wein in neuen Schläuchen?", in Josef Schröfl, Thomas Pankratz (Hrsg.). „Asymmetrische Kriegführung – ein neues Phänomen der internationalen Politik?, S.121-132 (Baden-Baden: Nomos Verlag).

Schörning, N. (2005). „Die Revolution in Military Affairs – Hemmschwelle für eine kooperative Weltordnung", in Ulrich Ratsch, Reinhard Mutz, Bruno Schoch, Corinna Hauswedell, Christopher Weller (Hrsg.). „Friedensgutachten 2005", S.219-227 (Münster: LIT Verlag).

Schröfl, J.; Pankratz, T. (2004). „Einleitung", in Josef Schröfl, Thomas Pankratz (Hrsg.). „Asymmetrische Kriegführung – ein neues Phänomen der internationalen Politik?, S.9-13 (Baden-Baden: Nomos Verlag).

Schröfl, J. (2006). „Asymmetrie und Ökonomie", in Josef Schröfl, Thomas Pankratz, Edwin R. Micewski (Hrsg.). „Aspekte der Asymmetrie. Reflexionen über ein gesellschafts- und sicherheitspolitisches Phänomen, S.69-84 (Baden-Baden: Nomos Verlag).

Sheftik, G. (2014). „Rangers amongs first leaders of America's Army", in U.S. Army Homepage [Online]. Homepage/News Archives/Article vom 05.06.2014. Abgerufen am 23.05.2015, unter: <http://www.army.mil/article/80795/Rangers_among_first_leaders_of_A merica_s_Army/>.

Sievert, K.-G. (2012). „Überall und jederzeit – US Special Forces im Einsatz" (Hamburg: Maximilian Verlag).

Sofrep.com [Online]. „Navy SEALs: Weapons & Gear". Abgerufen am 02.05.2015, unter: <http://sofrep.com/navy-seals/weapons-gear/>.

Stewart, R.W. (2009). „American Military History, Volume 1" (Washington, D.C.: Center of Military History United States Army).

Stewart, R.W. (2010). „American Military History, Volume 2" (Washington, D.C.: Center of Military History United States Army).

Tamminga, O. (2015). „Hybride Kriegsführung", in SWP-Aktuell 27, März 2015, S.1-4 (Berlin: SWP).

Ucko, D.H. (2009). „The New Counterinsurgency Era" (Washington D.C.: Georgetown University Press).

U.S. Army/US Marine Corps (2006). „Counterinsurgency FM 3-24" (Washington DC: Departement of the Army, Marine Corps Combat Development Command).

U.S. Army (2012). „ADRP 3-05 Special Operations" (Washington DC: Departement of the Army).

U.S. Army (2008). „Army Posture Statement 2008". Abgerufen am 04.06.2015, unter: <http://www.army.mil/aps/08/information_papers/transform/Full_Spec trum_Operations.html>.

U.S. Departement of Defence (2012). „Sustaining U.S. Global Leadership: Priorities for 21st Century Defense". Abgerufen am 01.06.2015, unter: <http://www.defense.gov/news/Defense_Strategic_Guidance.pdf>.

U.S. Government [Online]. „Counterinsurgency Guide". Abgerufen am 01.05.2015, unter: <http://www.state.gov/documents/organization/119629.pdf>.

US Joint Chief of Staff [Online]. „Joint Publication 3-05 Special Operations", vom 16.07.2014. Abgerufen am 28.05.2015, unter: <http://fas.org/irp/doddir/dod/jp3_05.pdf>.

USSOCOM [Online]. „Counter-Unconventional Warfare White Paper", vom 26.09.2014. Abgerufen am 21.05.2015, unter: <https://info.publicintelligence.net/USASOC-CounterUnconventionalWarfare.pdf>.

USSOCOM [Online]. „Fact Book 2012". Abgerufen am 01.06.2015, unter: <https://fas.org/irp/agency/dod/socom/factbook-2012.pdf>.

USSOCOM [Online]. „Fact Book 2014". Abgerufen am 01.06.2015, unter: <http://www.socom.mil/News/Documents/USSOCOM_Fact_Book_2014.pdf>.

USSOCOM [Online]. „Mission/Vision/Priorities of U.S. Special Operations Command". Abgerufen am 04.06.2015, unter: <http://www.socom.mil/Pages/Mission.aspx>.

USSOCOM [Online]. „Posture Statement of Admiral William H. McRaven, USN Commander, USSOCOM before the 112th Congress, Senate armed Services Committee", vom 06.03.2012. Abgerufen am 28.05.2015, unter: <https://fas.org/irp/congress/2012_hr/030612mcraven.pdf.>.

van Ess, B. (2010). „ The Fight for Marjah: Recent Counterinsurgency Operations in Southern Afghanistan", in Small Wars Journal, vom 30.09.2010. Abgerufen am 22.06.2015, unter: <http://www.google.de/url?sa=t&rct=j&q=&esrc=s&source=web&cd=7&ved=0CFIQFjAG&url=http%3A%2F%2Fsmallwarsjournal.com%2Fblog%2Fjournal%2Fdocs-temp%2F563-vaness.pdf&ei=YQeIVbbXIIubsgGMmYPYCQ&usg=AFQjCNHLHGtcB-x1Uu1b_VSNxB0YGyMtFA>.

Vogt, M.J. (2008). „Intermediäre Gewalt in asymmetrischer Anfechtung – Rechtstreue als Notwendigkeit in Irregularitäten", in Sebastian Buciak (Hrsg.) „Asymmetrische Konflikte im Spiegel der Zeit", S.41-51 (Berlin: Verlag Dr. Köster).

Wagner, J. (2013). „Die Rückkehr der Schattenkrieger", in IMI-Studie, Nr.05/2013, vom 05.04.2013. Abgerufen am 28.05.2015, unter: <http://www.imi-online.de/download/5_2013wagner.pdf>.

Wassermann, F. (2015). „Im Irrgarten der Asymmetrie", in IP Internationale Politik, Nr.3 Mai/Juni 2015, S.52-59.

Wey, A.L.K. (2014). „Principles of Special operations: Learning from Sun Tzu and Frontinus", in Comparative Strategy, 33, S.131-144 (Abingdon: Taylor and Francis Group).